Vorwort

Kinder am Beobachten und Dokumentieren beteiligen

Beobachten und das Festhalten von Erlebnissen oder Entwicklungsschritten beinhalten im Alltag der Kita für Fachkräfte, Kinder und Eltern oft ganz unterschiedliche Blickwinkel. Fachkräfte richten den Blick meist auf die Entwicklung der Kinder und auf ihre individuelle Persönlichkeit, ihre Themen, Sicht- und Vorgehensweisen. Für Kinder bedeutet das Festhalten von Erlebnissen oder gelungenen Bildungsprozessen beispielsweise in einem Portfolio-Ordner, sich die eigene Weiterentwicklung zu vergegenwärtigen und einen positiven Blick auf sich selbst zu entwickeln. Eltern achten vielleicht auf eine optimale Entwicklung oder das Wohlfühlen ihres Kindes. Auch die Formen der Dokumentation können dabei ganz unterschiedlich sein.

Bei der näheren Auseinandersetzung mit dem Thema Beobachten und Dokumentieren wird schnell deutlich, dass es keine pauschale, für alle richtige und machbare Umsetzung in die Praxis gibt. Jedes Team muss seinen eigenen Weg finden, da dieser immer auch eng gebunden ist an die pädagogische Haltung, die jeweiligen Rahmenbedingungen und die Einrichtungskonzeption.

Durch den Einzug von digitalen Möglichkeiten hat sich für diesen pädagogischen Bereich eine Vielzahl neuer Möglichkeiten ergeben. Mit diesem Heft möchten wir Sie einladen, mit den unterschiedlichen Blickwinkeln und den analogen oder digitalen Möglichkeiten der Dokumentation zu experimentieren. Entsprechend möchten wir hier eine Vielzahl von Bausteinen vorstellen, die sich unterschiedlich zusammensetzen lassen und individuell an die Besonderheiten der jeweiligen Praxis angepasst werden können. Der Fokus liegt dabei auf der Portfolioarbeit, auf der Beteiligung der Kinder – geht es doch um ihre Bildungsprozesse und Lernwege, ihre Themen, Interessen und Kompetenzen. Ziel ist es, die Perspektiven der Fachkräfte, Kinder und Eltern zusammenzuführen und sie zur Grundlage der pädagogischen Arbeit und gemeinsamen Weiterentwicklung zu machen.

Die vorliegende Sammlung erhebt dabei keinen Anspruch auf Vollständigkeit. Vielmehr möchten wir pädagogische Fachkräfte ermutigen, verschiedene Beobachtungs- und Dokumentationsideen sowohl im analogen als auch im digitalen Bereich auszuprobieren, Erfahrungen damit zu sammeln und eigene, alltagstaugliche Wege zu entwickeln.

Franziska Schubert-Suffrian &
Michael Regner

Franziska Schubert-Suffrian

Erzieherin, Heilpädagogin, Dipl.-Sozialpädagogin, ist Fachberaterin im Verband Evang. Kindertageseinrichtungen in Schleswig-Holstein und freiberuflich sowohl in der Fort- und Weiterbildung als auch in der Organisationsentwicklung und als Coach tätig. Sie hat langjährige Berufserfahrung als Kita-Leitung und ist Autorin von Fachpublikationen.

Michael Regner

Sozialpädagoge und Sozialarbeiter, ist Fachberater beim Verband evangelischer Kindertageseinrichtungen in Schleswig-Holstein. Darüber hinaus arbeitet er als freiberuflicher Fortbildner, Coach und Mediator für Kindertageseinrichtungen und ist als Autor tätig. Dabei bringt er seine langjährige Berufserfahrung in der Kinder- und Jugendarbeit mit ein.

Inhalt

I. Grundlagen von Beobachten und Dokumentieren — 4

1. Beobachten aus Fachkraftperspektive — 4
2. Dokumentieren – das Wahrgenommene festhalten — 7
3. Beobachten und Dokumentieren haben Auswirkungen — 7
4. Beobachtungsziele und -verfahren (analog und digital) — 9

II. Die Kinder und ihre Perspektive aktiv einbeziehen — 14

1. Möglichkeiten der Portfolioarbeit — 14
2. Gespräche über Beobachtungen und Dokumentationen — 15
3. Bildungsdokumentationen im Dialog mit Kindern erstellen — 17
4. Portfolio – digital unterstützt — 18

III. So können pädagogische Fachkräfte beobachten und dokumentieren — 24

1. Voraussetzungen — 24
2. Datenschutz und Urheberrecht — 25
3. Beobachtungs-Mindmap — 26
4. Soziogramme — 27
5. Beobachtungsprotokolle — 28
6. Zettelwirtschaft — 29
7. Be(ob)achtungsbox — 29
8. Be(ob)achtungsbriefe — 30
9. Gesprächsprotokolle — 31
10. Gruppendokumentationen — 32

IV. Kinder dokumentieren ihre Bildungsprozesse — 35

1. Voraussetzungen — 35
2. Soziogramme — 36
3. Steckbriefseiten — 37
4. Könnerseiten — 38
5. Held*innen-Seiten — 39
6. Lernstern — 39
7. Fotogeschichten/Bildergeschichten — 40
8. Hörgeschichten — 42
9. „Landkarten" und andere Ideen der Kinder — 42
10. Aufbewahrungsorte — 43

| V. | Auswertung und Umsetzung in pädagogisches Handeln | 44 |

1. Auswerten der Beobachtungen und Dokumentationen 44
2. Am Beispiel von Jona 47
3. Nächste Schritte planen und umsetzen 48
4. Der Prozess – ganz konkret 49

| VI. | Gemeinsam mit Eltern das Kind in den Blick nehmen | 52 |

1. Eltern einbeziehen 52
2. Am Beispiel von Jona 53
3. Möglichkeiten der Mitwirkung 54

Schlusswort 55
Danksagung 55
Literatur 56

Jedes Kind hat seinen individuellen Portfolio-Ordner.

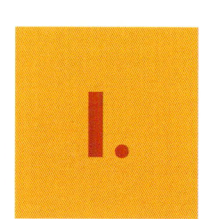

I. Grundlagen von Beobachten und Dokumentieren

1. Beobachten aus Fachkraftperspektive

Kinder eignen sich die Welt hoch kompetent und mit ungeheurer Energie selbsttätig an. Sie forschen, experimentieren, lernen und bilden sich in jeder wachen Minute. Dabei ist jede Kompetenz, die ein Kind entwickelt, eingebettet in seine ganz eigene Lernlandkarte. Diese Erkenntnis, die von der Forschung immer wieder eindrücklich bestätigt wurde, hat die Elementarpädagogik nachhaltig geprägt. Um Kinder in ihren individuellen Entwicklungsprozessen bestmöglich unterstützen zu können, ist aus der Perspektive der Fachkräfte der systematische Blick auf das, was das einzelne Kind tut und wie es etwas tut, notwendig.

Beobachtungen und deren Dokumentationen ermöglichen es, das konkrete pädagogische Handeln, die Angebote und die Struktur des pädagogischen Alltags passgenau auf die aktuellen Bedürfnisse der Kinder und ihre Bildungs- und Lernprozesse auszurichten. Dies gelingt durch die Bereitschaft der beobachtenden Person, die eigene Perspektive zu erweitern. Das bedeutet für pädagogische Fachkräfte, sich ergebnisoffen auf die Beobachtungen und damit auf die individuellen Sichtweisen genau wie auf die unterschiedlichen Entwicklungs- und Selbstbildungsprozesse von Kindern einzulassen.

Praxisbeispiel
Jona (4;3 Jahre) wird von einer Erzieherin dabei beobachtet, wie er – auf dem Bauteppich sitzend – allein mit der Eisenbahn spielt. Er hat die Bauteile der Bahn um sich herum gelegt und ist gerade dabei, die letzten beiden Schienen so miteinander zu verbinden, dass der Schienenkreis geschlossen ist. Er schaut nicht auf, sondern hat den Blick auf die Schienenteile auf dem Boden und in seiner Hand gerichtet. Er hat die Stirn dabei in Falten gelegt, seine Zungenspitze schaut leicht aus dem Mundwinkel. Einige Zeit versucht er in dieser Haltung, das letzte Teil einzufügen. Max und Ole laufen am Bauteppich vorbei. Max stößt im Vorbeilaufen mit dem Fuß an den Schienenkreis, der daraufhin in einige Teilstücke auseinanderbricht. Jona sieht auf die Schienen, zögert einen Augenblick, springt dann auf, schubst Max mit beiden Händen kräftig zur Seite, boxt ihn und schreit „Ey, jetzt ist alles kaputt!"

Die eigene Geschichte läuft immer mit
Beobachten kann nie ein „wertneutrales" Aufnehmen und Abspeichern der Wirklichkeit sein. Immer spielen bei der beobachtenden Person subjektive Interpretationen des Gesehenen und dadurch ausgelöste Gefühle eine Rolle. Alles Wahrgenommene wird automatisch in eigene Kategorien eingeordnet, mit bisher gemachten Erfahrungen verglichen und unbewusst mit den eigenen Gefühlen verknüpft. Es ist unmöglich, sich in der Beobachtungssituation ganz davon freizumachen. In jede Beobachtung spielen die eigene Geschichte und die eigenen Erfahrungen mit hinein: Wie habe ich selbst ähnliche Situationen erlebt? Welche Annahmen habe ich über die Ziele und Absichten des beobachteten Kindes?

In der oben beschriebenen Sequenz kann die beobachtende Fachkraft entweder mit den Versuchen von Jona, die Schienen zusammenzufügen, „mitfiebern" und dabei sein Durchhaltevermögen bewundern oder aber mit Ungeduld seine (vermeintliche) motorische Ungeschicklichkeit wahrnehmen. Sie kann sein Schubsen, Schlagen und Schreien als verständliche Reaktion interpretieren oder aber als unangemessen. Je nach Bewertung wird sie auf die Situation reagieren und sehr unterschiedliche Bilder vom Geschehen abspeichern. Diese Interpretationen und Bewertungen zu reflektieren und dadurch zu minimieren, stellt höchste Anforderungen an die beobachtende pädagogische Fachkraft. Wie die Situation von ihr bewertet wird und welche Aspekte für sie in den Vordergrund treten, hängt dabei wesentlich vom Ziel der Beobachtung ab. Geht es ihr darum, das Kind besser kennen- und verstehen zu lernen? Möchte sie sich mithilfe der Beobachtung seiner Perspektive annähern? Geht es ihr um eine Bewertung und Einschätzung seines Verhaltens oder will sie eine im Vorfeld entwickelte Hypothese (z. B. motorische Ungeschicklichkeit) überprüfen?

Grenzen der Wahrnehmung
Die Fachkraft wird in der Beobachtungssituation eine Fülle von Aspekten sehen, hören, riechen oder anderweitig wahrnehmen. Diese komplexen und vielfältigen Eindrücke können von ihr nicht vollständig aufgenommen werden. Sie muss also schon bei der Aufnahme von Sinnesreizen auswählen und Schwerpunkte setzen. Dabei werden von ihrem Wahrnehmungssystem ganz automatisch bestimmte Aspekte der Beobachtung als bedeutsam bewertet, aufgenommen und weitergeleitet, andere dagegen eher ausgeblendet. Diese Wahrnehmungsmechanismen haben im sonstigen Alltag (z. B. im Straßenverkehr oder beim konzentrierten Arbeiten) eine wichtige Funktion. Sie ermöglichen die Fokussierung auf das Wesentliche und eine angemessene Reaktion. In der Beobachtungssituation verhindern sie jedoch eine wirklich objektive, alle Aspekte aufnehmende Beobachtung. Im pädagogischen Kontext besteht die Herausforderung für die Fachkräfte darin, Interpretationen so weit wie möglich zu minimieren und die eigenen Blickwinkel immer wieder zu reflektieren. Insofern ist Beobachten sehr viel mehr als genaues Hinsehen – es ist eine hoch komplexe und verantwortungsvolle Tätigkeit.

Was und wie kann beobachtet werden?
Zur Beobachtung eignet sich grundsätzlich jede Situation und jede Aktivität eines Kindes. Freie Spielsituationen können genauso wie pädagogische Angebote oder sich wiederholende Alltagssituationen (z. B. das Frühstücken oder Anziehen) beobachtet werden. Auch besondere Höhepunkte im Alltag wie Ausflüge oder Feste können Situationen sein, die es in den Blick zu nehmen lohnt. Manchmal bietet es sich auch an, genauer auf das Verhalten in Konfliktsituationen zu schauen. Entscheidend bei allen Beobachtungssettings ist es, die Achtung und Wertschätzung des beobachteten Kindes und seiner Persönlich-

Regelmäßiges Beobachten ermöglicht es, den Kindern passgenaue Angebote zu machen.

keit in den Vordergrund zu stellen. Dies bedeutet für die pädagogische Fachkraft, den Blick möglichst unvoreingenommen, wohlwollend und neugierig auf das zu richten, was das Kind tut. Und dabei das Augenmerk auf die Ressourcen des Kindes zu lenken; darauf, was es schon kann, auf seine Zugangswege und die Themen, die es beschäftigen. Im pädagogischen Kontext ist Beobachten dann ein genaues Hinsehen – mit der Zuversicht, dass das Kind zeigen wird, was es braucht.

Als Einstieg in Beobachtungen bietet sich der ungerichtete Blick auf die Alltagssituationen des Kindes an. Dieser breite, noch nicht auf einen konkreten Aspekt gerichtete Fokus kann es erleichtern, sich auf das „ganze" Kind und seine Anliegen, Themen und Herangehensweisen einzulassen. In manchen Fällen ergeben sich aus der freien Beobachtung Fragen, die eine gerichtete Beobachtung mit einem vorher festgelegten Beobachtungsfokus einleiten.

Praxistipp

Für die beobachtende Fachkraft ist es manchmal im alltäglichen Trubel schwierig, sich auf das zu beobachtende Kind zu konzentrieren, da sie von anderen Kindern, Kolleg*innen und Eltern angesprochen wird. Durch eine gut sichtbare Kennzeichnung der Fachkraft wie beispielsweise ein Anstecker oder ein bestimmtes Klemmbrett kann dies vermieden werden. Dieses Symbol signalisiert allen, dass die pädagogische Fachkraft gerade mit einer Beobachtung beschäftigt ist und nicht gestört werden darf.

Beobachten zu festgelegten Zeiten?

Im Alltag fest verankerte, wiederkehrende Beobachtungszeiten bieten den Vorteil, dass sie planbar sind und dadurch auch eine Umsetzung unabhängig von der Situation und Motivation der einzelnen pädagogischen Fachkraft ermöglichen. Bei dieser Vorgehensweise sollte aber berücksichtigt werden, dass auch spontane Beobachtungen von bedeutsamen Situationen noch möglich sind. Ein Nachteil fester Beobachtungszeiten ist, dass der Blick eventuell immer genau auf ein und dieselbe Gruppensituation gerichtet ist. Beispielsweise immer donnerstags um 9.30 Uhr, wenn Lasse schon seit sechs Uhr in der Kita ist. Somit kann er ein ganz anderes Verhalten zeigen als an einem anderen Tag, an dem er morgens ausschlafen konnte und erst dann gebracht wurde. Darüber hinaus nehmen festgelegte Zeiten auch keine Rücksicht auf die momentane Verfassung der beobachtenden Person. Nicht immer ist jedoch aufgrund der jeweiligen Umstände (Kopfschmerzen, krankheitsbedingter Ausfall einer Kollegin, zusätzliche Anforderungen usw.) diese anspruchsvolle Arbeit in angemessener Qualität zu leisten.

Verdeckt ermitteln oder offen beobachten?

Inzwischen hat sich sowohl in der Theorie als auch in der konkreten Kita-Praxis ein Haltungswechsel bei der Beobachtung durchgesetzt: Die pädagogische Fachkraft beobachtete früher möglichst unbemerkt vom Kind und verschriftlichte ihre Ergebnisse dann in für die Kinder „unsichtbaren" Dokumentationen. Heute finden offene Beobachtungen mit dem Wissen und der Zustimmung der Kinder statt. Sie haben beim Blick von außen auf ihre Bildungsprozesse zu jedem Zeitpunkt das Recht, den Erwachsenen die Genehmigung zur Beobachtung und Dokumentation zu entziehen. Wenn dieser Punkt in Kita-Teams diskutiert wird, spielt für viele Fachkräfte die Frage eine Rolle, ob sich Kinder anders verhalten, wenn sie wissen, dass sie beobachtet werden. Der Frage liegt die Vermutung zugrunde, dass das Wissen um die Beobachtung das Verhalten der Kinder verändert und die Ergebnisse verfälscht. Dies ist nicht auszuschließen, wenn Kinder in Situationen beobachtet werden, in denen sie ein unerwünschtes oder störendes Verhalten zeigen. Beobachtungen, die in erster Linie auf die Ressourcen und Kompetenzen der Kinder gerichtet sind und deren Verhalten wertschätzend aufnehmen, bergen selten diese Gefahr.

2. Dokumentieren – das Wahrgenommene festhalten

Um die Beobachtungen für sich selbst, das Kind, Eltern und Kolleg*innen sichtbar zu machen, ist es notwendig, sie in irgendeiner Weise festzuhalten. Dabei ist die Dokumentation mehr als nur das neutrale „Verschriftlichen" dessen, was ein Kind oder ein Erwachsener wahrgenommen hat. Beim Festhalten einer Beobachtung wird von der beobachtenden Person ausgewählt: Was zeichne ich auf und wozu? Und: Wie halte ich das Beobachtete fest?

Es gibt eine Vielzahl von Möglichkeiten, Beobachtungen festzuhalten. Aufschreiben, Fotografieren, Aufnehmen, Filmen oder Zeichnen sind nur einige Wege, um das Wahrgenommene für sich selbst und andere sichtbar zu machen. Das Vorgehen kann – je nachdem, wer dokumentiert – ganz unterschiedlich sein. So halten Erwachsene ihre Beobachtungen häufig in Schriftform fest, während Kinder eher zeichnen oder, wenn sie die Gelegenheit dazu haben, fotografieren, filmen oder Audionachrichten erstellen. Dabei erweitern heutige digitale Verarbeitungs- und Speicherungsmöglichkeiten sowohl für Kinder als auch für Fachkräfte und Eltern das Repertoire noch einmal erheblich. Die Form der Dokumentation ist in der Regel auch davon abhängig, für wen sie erstellt wird und welches Ziel damit erreicht werden soll. Geht es darum, eine Beobachtung als eigene Gedächtnisstütze zu notieren, sie für ein Kind sichtbar zu machen oder sollen die Beobachtungsergebnisse dazu dienen, den Entwicklungsstand eines Kindes einzuschätzen und dies mit Eltern zu besprechen? Je nach Verwendungszweck und Adressat*in werden Dokumentationen ganz unterschiedliche Schwerpunkte und Elemente enthalten. So ist natürlich ein Be(ob)achtungsbrief (vgl. Kap. III), der an einen 4-Jährigen gerichtet ist, anders formuliert und hat andere Schwerpunkte als die Beobachtung, die für ein Elterngespräch festgehalten wird.

Was zeichne ich auf und wozu?

Ziel von Bildungsdokumentationen ist es, die Entwicklungs- und Selbstbildungsprozesse eines Kindes aus unterschiedlichen Blickwinkeln und mit unterschiedlichem Fokus sichtbar zu machen. Dies ist kein einmaliger Vorgang, sondern ein Prozess, der sich stetig wiederholt und fortsetzt. In einem ersten Schritt werden unterschiedliche Beobachtungen aus verschiedenen Blickwinkeln festgehalten, für die Kinder „übersetzt" und gemeinsam mit anderen Dokumenten wie beispielsweise den Werken der Kinder oder Beiträgen von Eltern gesammelt. Wenn mehrere Dokumente zusammengekommen sind, besteht die Notwendigkeit, diese zu sortieren und zu strukturieren. Für Kinder geht es dabei häufig darum, das für sie zurzeit Wichtige nach vorne zu nehmen. Für manche Fachkräfte ist es wichtig, die Dokumente in eine Gesamtschau unter Einbeziehung der jeweiligen Bildungsempfehlungen zu bringen oder sie so aufzubereiten, dass sie in Entwicklungsgesprächen mit Eltern Einblicke in die individuellen Themen und Zugänge des Kindes ermöglichen. Dabei werden die einzelnen Inhalte mit dem Kind, den Eltern und Kolleg*innen besprochen und interpretiert, sodass sie schließlich als Grundlage der pädagogischen Arbeit dienen können.

3. Beobachten und Dokumentieren haben Auswirkungen

Beobachten und Dokumentieren haben immer eine Wirkung auf alle Beteiligten: Die pädagogische Fachkraft lernt das Kind bei jeder Beobachtung ein bisschen besser kennen und kann seine Vorgehensweisen, Anliegen und Interessen zunehmend besser einschätzen. Dies ermöglicht ihr unter anderem, die individuellen Bildungsprozesse des Kindes bestmöglich zu begleiten und Angebote passgenauer zu planen. Pädagogische Fachkräfte in der Praxis berichten, dass sich durch ein vermehrtes Beobachten ihr Blick auf die Kinder insgesamt verändert hat. Ein Kind zu beobachten und diese Beobachtungen zu dokumentieren, beinhaltet immer auch (ausgesprochene und unausgesprochene) Botschaften an das Kind selbst: „Ich sehe dich und nehme dich wahr", „Du bist mir wichtig", „So, wie du bist, bist du in Ordnung". Diese Botschaften können das Kind darin unterstützen, ein positives Selbstbild zu entwickeln. „Aus dem Verhalten, das ihnen von ihren Bezugspersonen

---

Literaturtipp

Neuß, N. (Hrsg.) (2021): Kita digital. Medienbildung – Kommunikation – Management. Weinheim: Beltz Juventa.

Viernickel, S./Völkel P. (2022): Beobachten und Dokumentieren im pädagogischen Alltag. Erweiterte Neuauflage. Freiburg: Herder.

Der Blick sollte auf die Fähigkeiten und Ressourcen der Kinder gerichtet sein.

entgegengebracht wird, resultiert das Gefühl und die Einschätzung, die sie sich selbst entgegenbringen. Die Reaktionen der Bezugspersonen formen also das eigene Selbstbild" (Völkel/Viernickel 2009, S. 62).

Damit hat die Blickrichtung eine besondere Bedeutung. Sie wirkt wie ein Spiegel auf die Kinder. Das, was im Beobachtungsfokus ist, wird eher verstärkt. Der Blick auf die Fähigkeiten und Ressourcen ermöglicht es den Kindern, sich als kompetent zu erleben – ein defizitorientierter Blick bewirkt eher das Gegenteil. Auch bei der Aneignung der Umwelt spielen ein positives Selbstbild und das Gefühl von Kompetenz eine große Rolle. „Wesentlich stärker als bisher angenommen, werden Lernvorgänge von Gefühlen begleitet und zum Teil gesteuert. Mit jeder gelernten Information wird auch das dazugehörige Gefühl mitgelernt und später aus dem Gedächtnis wieder abgerufen" (Leu u. a. 2007, S. 39). Kann ein Kind sich also in einer (beobachteten) Situation als kompetent und erfolgreich erleben, steigt die Chance, dass es sich auch in anderen Situationen so wahrnimmt. Dies führt zu tiefer Befriedigung und macht Mut, sich neuen Herausforderungen zu stellen.

Wechselseitige Einflussnahme

Bereits in der Beobachtungssituation beginnt die wechselseitige Einflussnahme, denn schon hier ist die pädagogische Fachkraft aktiv beteiligt – es sei denn, sie ist nicht zu sehen. Ihr Verhalten, ihre Mimik, Gestik und ihre sprachlichen Äußerungen haben immer Auswirkungen auf das Verhalten des Kindes. Es wird unterschiedliche Verhaltensweisen zeigen – je nachdem, ob die Beobachtung von ihm als kritische Bewertung wahrgenommen wird oder als ermutigende Begleitung. Im besten Fall kann das Kind die Beobachtung und das von den Erwachsenen Festgehaltene als wertschätzende, auf seine Kompetenzen ausgerichtete Beachtung erleben. Dadurch kann es den Blick bewusster auf sein Können und Wissen richten und sich dabei als Experte für die eigenen Belange wahrnehmen. Mit dieser Grundhaltung sind für das Kind gerade schwierige Situationen leichter zu bewältigen.

Dies hat auch entscheidende Auswirkungen auf die kindlichen Lern- und Bildungsprozesse, denn diese gelingen am nachhaltigsten, wenn sie mit positiven Gefühlen verknüpft sind. Der Blick auf das Positive, auf das schon Erreichte fördert Aneignungskompetenzen. Dabei geht es nicht darum, die Handlungen des Kindes „schönzureden", nur zu loben und Schwieriges auszublenden, sondern die Fähigkeiten und Ressourcen besonders wertzuschätzen und damit zu unterstützen. Wird in einer Beobachtung Veränderungs- bzw. Verbesserungspotenzial deutlich, gilt es, auch dies dem Kind mitzuteilen. Entscheidend ist dabei eine Haltung der pädagogischen Fachkräfte, die davon ausgeht, dass jedes Kind gute Gründe für seine Verhaltensweisen hat.

Praxisbeispiel

Jona konnte sein Verhalten in der von der Erzieherin beobachteten Situation (vgl. S. 5) in einem anschließenden Gespräch reflektieren:
Jona: „Da war ich ganz doll wütend. Die haben meine Eisenbahn kaputt gemacht."
Erzieherin: „Du warst sauer, dass sie die Schienen, die du gebaut hast, kaputt gemacht haben?"
Jona: „Ja, ich wollte sie alle zusammenhaben."
Erzieherin: „... und dann sind Max und Ole dagegengelaufen."
Jona: „Ja, und dann war alles kaputt und Max war ganz erschrocken."
Erzieherin: „Meinst du, dass er ganz erschrocken war, weil er nicht mit Absicht gegen die Schienen gelaufen ist?"
Jona: „Aber er hat nicht 'schuldigung gesagt."
Erzieherin: „Hättest du das gerne gewollt?"
Jona: „Mhmh."

Erzieherin: „Hast du Max deshalb geschubst und geboxt?"
Jona: „... weil ich ganz wütend war!"

Im weiteren Gesprächsverlauf besprechen Jona und die Erzieherin, welche Möglichkeiten es für ihn noch gegeben hätte, auf den auseinandergebrochenen Schienenkreis zu reagieren. Durch ihre Beobachtung konnte die Erzieherin die Situation gut einschätzen, ohne Jonas Verhalten zu verurteilen. Das Gefühl, verstanden und nicht beurteilt zu werden, hat es Jona ermöglicht, die Situation zu reflektieren und neue Konfliktlösungen zu erarbeiten. Somit hat die Beobachtung dazu beigetragen, die Situation gemeinsam aufarbeiten zu können und vielleicht das Handlungsrepertoire von Jona für Konfliktsituationen zu erweitern. Durch ihre Beobachtung hat sich auch die Reaktion der pädagogischen Fachkraft verändert. Es war für sie leichter, eine spontane, reglementierende Reaktion zu vermeiden („Jona, es wird nicht geschlagen. Entschuldige dich sofort!") und gemeinsam mit ihm konstruktive Handlungsalternativen zu erarbeiten.

Aber auch über diese Situation hinaus hat die Beobachtung eine Wirkung auf das Kind. Es erlebt, dass seine Person und seine Handlungen für die Erzieherin wichtig sind, was ihm ermöglicht, seine eigenen Entwicklungsschritte wahrzunehmen und stolz auf das Erreichte zu sein. Für die pädagogische Fachkraft bedeutet dies, „bei Beobachtungen auch wahrzunehmen, wie Kinder darauf reagieren, dass sie beobachtet werden, und alles zu vermeiden, was sie verletzen könnte" (Kazemi-Veisari 2005, S. 125).

Der Aspekt der Beziehung
Beobachten und Dokumentieren haben auch immer Auswirkungen auf die Beziehung zwischen Kind und pädagogischer Fachkraft. Beziehungen zwischen Kindern und Erwachsenen sind erheblich von der Reaktion der Erwachsenen auf die Bedürfnisäußerungen der Kinder abhängig: „Merkt meine Erzieherin, dass ich mich nicht wohlfühle? Dass ich das gerne schaffen würde?" Deshalb ist es wichtig, dass Beobachtungen den Fokus auch auf die Bedürfnisse der Kinder richten. Je kleiner die Kinder sind, desto weniger können sie uns ihre Bedürfnisse sprachlich mitteilen. Erwachsene müssen deshalb sehr genau hinsehen und feinfühlig reagieren, um die Kinder bei der Befriedigung ihrer Bedürfnisse zu unterstützen. Dabei hilft es, die Perspektive des Kindes einschätzen zu können.

Praxisbeispiel
Luisa (4;2 Jahre) sitzt in der Lernwerkstatt auf dem Fußboden und versucht, Bauteile eines Elektrobaukastens auf die dafür vorgesehene Platte zu stecken. Dabei wird sie von ihrer Erzieherin Sonja beobachtet. Auf der Platte steckt ein Bauteil, Luisa hält ein weiteres in der Hand. Beim Aufsetzen rutscht ihr die Platte immer wieder weg. Mit dem Blick zu Sonja fragt sie: „Kannst du mir mal helfen?" Einige Tage später reflektiert Sonja die Situation im Team: „Wenn ich Luisa nicht beobachtet hätte, hätte ich mich neben sie gesetzt und ihr wortreich erklärt, wie der Elektrobaukasten funktioniert und wie sie die einzelnen Teile zu einem Stromkreis zusammenbauen kann. Durch die Beobachtung wusste ich viel eher, wo das Problem lag. Ich habe mich neben sie gesetzt und einfach gefragt: ‚Wie kann ich dir denn helfen?' Und Luisa hat gesagt: ‚Bleibst du bei mir sitzen und hältst mal einen Moment die Platte fest?' Über diese Situation habe ich lange nachdenken müssen. Wie oft im Kita-Alltag pfropfe ich den Kindern meine Hilfe einfach so auf? Mal schnell die Flasche aufgedreht oder die Milch ins Müsli gegossen, ohne genauer hinzusehen oder zu fragen, ob dies die Hilfe ist, die das Kind wirklich erbittet. Durch die regelmäßigen Beobachtungen bin ich nicht mehr so schnell mit meinen Lösungen zur Stelle, sondern lasse mich viel eher auf die Kinder ein."

4. Beobachtungsziele und -verfahren

Die jüngere Forschung macht mit ihren Ergebnissen sehr anschaulich deutlich, dass jedes Kind bereits von Geburt an alles mitbringt, um seine Entwicklung voranzutreiben (vgl. Schäfer 2007, S. 30). Dabei ist es auf Erwachsene angewiesen, die es unterstützen und begleiten und gleichzeitig eine anregungsreiche Umgebung gestalten. Dieses Bild vom Kind als „Akteur seiner Entwicklung" macht ein genaues Hinsehen für pädagogische Fachkräfte notwendig: Was interessiert das Kind aktuell? Welche Selbstbildungsprozesse treibt es voran? Welche Kompetenzen bringt es mit? Antworten auf diese Fragen lassen sich – wenn auch immer nur ausschnitthaft – durch gezielte und regelmäßige Beobachtungen und durch den Blick auf das, was Kinder selbst festhalten, finden. Das Bild vom sich selbst bildenden Kind macht es aber auch erforderlich, den Kindern die Möglichkeit

Selbstbildungsprozesse der Kinder können gut mit der Digitalkamera eingefangen werden.

zu geben, ihre Entwicklungs- und Bildungsprozesse bewusst wahrzunehmen, den Blick auf die eigenen Aneignungswege und Kompetenzen zu richten. Beobachtungen und deren Auswertung sind aber nicht nur für die Kinder selbst und die pädagogischen Fachkräfte von Bedeutung, sondern auch für Eltern und Fachkräfte aus anderen Institutionen wie z. B. Ärzt*innen oder Grundschullehrkräfte.

Zu beobachten und Ergebnisse zu dokumentieren ist also kein Selbstzweck, sondern immer an pädagogische Ziele und deren Reflexion gebunden. Je nach Situation und Ausrichtung der Kita können diese Ziele und Fragestellungen ganz unterschiedlich sein. Um individuelle Bildungsprozesse und Themen von Kindern einzufangen, sind beispielsweise andere Verfahren notwendig als für die Einschätzung von Entwicklungsständen oder möglichen Entwicklungsverzögerungen. Dabei kann kein einzelnes Beobachtungs- und Dokumentationsverfahren die Vielzahl der Fragestellungen auch nur annähernd abdecken. Die Kita-Praxis erfordert also eine Beobachtungs- und Dokumentationsstruktur mit ganz unterschiedlichem Handwerkszeug und unterschiedlichen Herangehensweisen. Dabei spielen auch Vorgaben der unterschiedlichen Bildungsprogramme und Träger eine Rolle. Diese bilden dann neben der Konzeption der Einrichtung die Grundlage für die konkreten Überlegungen in der Praxis.

Schritte im Team

Es gibt bereits eine Vielzahl von analogen und digitalen Verfahren und Umsetzungsideen. Um diese gezielt auswählen zu können, muss im Vorfeld im Team die Frage nach dem Ziel der Beobachtung gestellt und geklärt werden. In der Praxis hat es sich bewährt, in einem ersten Schritt die konkreten Situationen, die Beobachtungen erforderlich machen, herauszufiltern. Dies können sowohl pädagogische Bedarfe, die in der täglichen Arbeit in der Kita entstehen, als auch Anforderungen von außen, beispielsweise von anderen Institutionen, sein. Gerade die Anforderungen von außen werden von den Kolleg*innen vor Ort zum Teil sehr kritisch beurteilt. Manche Grundschulen fordern beispielsweise Einschätzungen und Beurteilungen der Kinder, die der pädagogischen Praxis der Kita nicht entsprechen. Deshalb ist es sinnvoll, zunächst die Vorgehensweise für die eigene Praxis festzulegen und sich erst anschließend mit anderen Institutionen auf eine Dokumentation im Übergang zu verständigen.

Nachdem das „Wozu" aufgelistet und in eine Reihenfolge gebracht wurde, geht es in einem zweiten Schritt darum, sich darauf zu verständigen, mit welcher Haltung und mit welcher „Blickrichtung" die Beobachtungen erfolgen sollten. Die Blickrichtungen lassen sich dabei nach ihren Zielen in drei Bereiche untergliedern:

- Entwicklungsbeobachtungen (in analoger oder digitaler Form), die Lernfortschritte kontrollieren und das Erkennen von Förderbedarfen erleichtern;
- Beobachtungen, die die Themen und Zugänge der Kinder strukturiert, d. h. mit einem bestimmten Beobachtungsfokus, in den Blick nehmen;
- offene, freie Alltagsbeobachtungen wie Portfolios oder „Ich-Ordner".

Auswahl der Verfahren

Die gängigen, auf dem Markt erhältlichen Beobachtungsverfahren für den Kita-Bereich lassen sich ebenfalls in diese Schwerpunkte unterteilen. Bevor ein Kita-Team Verfahren und Strukturen zur Beobachtung und Dokumentation festlegt, ist es notwendig, die Chancen und Grenzen der einzelnen Verfahren in den Blick zu nehmen. In den letzten Jahren boomen auch digitale Beobachtungs- und Dokumentationsformen. Sie haben den Vorteil, dass das Darstellungsspektrum durch Audio- und Videoformate vergrößert ist, dass die Speicherung an einem zentralen Ort den Zugriff für alle Beteiligten ermöglicht und dass die Auswertung durch Programme erheblich vereinfacht wird. Ob sich ein Team für diese Form der Darstellung entscheidet, hängt oft davon ab, welche technischen Möglichkeiten es vor Ort gibt und ob die Kolleg*innen sich den Umgang mit digitalen Endgeräten zutrauen. Bei der konkreten Auswahl der Apps, Tools und Geräte stellt sich die Frage, ob die Beobachtungen ausschließlich intern genutzt werden oder Eltern auch mit einbezogen werden sollen. Die Entscheidung, ob ein digitales Verfahren ausschließlich für die Entwicklungsdokumentation genutzt wird oder auch für die Portfolioarbeit, kann ein weiteres Entscheidungskriterium sein.

Entwicklungsbeobachtung analog

Gerade in den ersten Jahren entwickeln sich Kinder in einzelnen Bereichen sehr unterschiedlich. Einige Kinder laufen beispielsweise bereits mit 10 Monaten, andere lernen dies erst mit 1,5 Jahren. Wissenschaftlich abgesicherte Beobachtungsverfahren helfen dabei, den Entwicklungsstand eines Kindes anhand von klar definierten Mess- und Vergleichsskalen zu beurteilen. Dies erfolgt in der Regel mithilfe von „Ankreuzbögen", die dem Alter der Kinder entsprechend gestaffelt sind (z. B. Kuno Bellers Entwicklungstabelle 0–9, Grenzsteine der Entwicklung, Entwicklungsbeobachtung und Dokumentation EBD). Diese Beobachtungsverfahren helfen, Fragen nach der allgemeinen altersgemäßen Entwicklung und nach Auffälligkeiten bzw. Entwicklungsrisiken zu beantworten, und ermöglichen gleichzeitig einen Blick auf mögliche nächste Entwicklungsschritte. Insgesamt erleichtern sie bei regelmäßiger Beobachtung den Blick auf den konkreten Entwicklungsverlauf einzelner Kinder und unterstützen durch ein gemeinsames „Messwerkzeug" den Austausch im Team.

Entwicklungsbeobachtung digital

Auch anhand von digitalen Entwicklungsbögen können Kinder eingeschätzt werden. Der KOMPIK-Beobachtungsbogen beispielsweise ermöglicht kostenfrei die wissenschaftlich abgesicherte Einschätzung von Kindern im Alter von 3,5 bis 6 Jahren. Neben einem festen Raster mit Fragen aus elf Kompetenz- und Entwicklungsbereichen können auch frei formulierte Beobachtungen eingetragen werden. Bei 0- bis 3-jährigen Kindern unterstützt das ebenfalls kostenfrei einsetzbare Programm Mondey (www.mondey.de), das an der Universität Heidelberg entwickelt wurde, die Wahrnehmung und Protokollierung von Entwicklungsfortschritten. Neben der Beobachtung des allgemeinen Entwicklungsstandes ist hier auch ein gezielter Blick auf einzelne Entwicklungsbereiche (Grobmotorik, Feinmotorik, Wahrnehmung, Denken, Sprache, soziale Beziehungen, Selbstregulation und Gefühle) möglich. Insgesamt hat eine papierlose, digitale Entwicklungsbeobachtung den Vorteil, dass sie leichter auszuwerten ist und dass alle Daten an einem Ort für alle befugten Kolleg*innen leicht zugänglich sind.

Deutlich komfortabler sind spezielle Kita-Apps, die meist neben einer Vielzahl von anderen Anwendungen auch den Bereich der Entwicklungsdokumentation abdecken. KITA-LINO ist beispielsweise eine kostenpflichtige

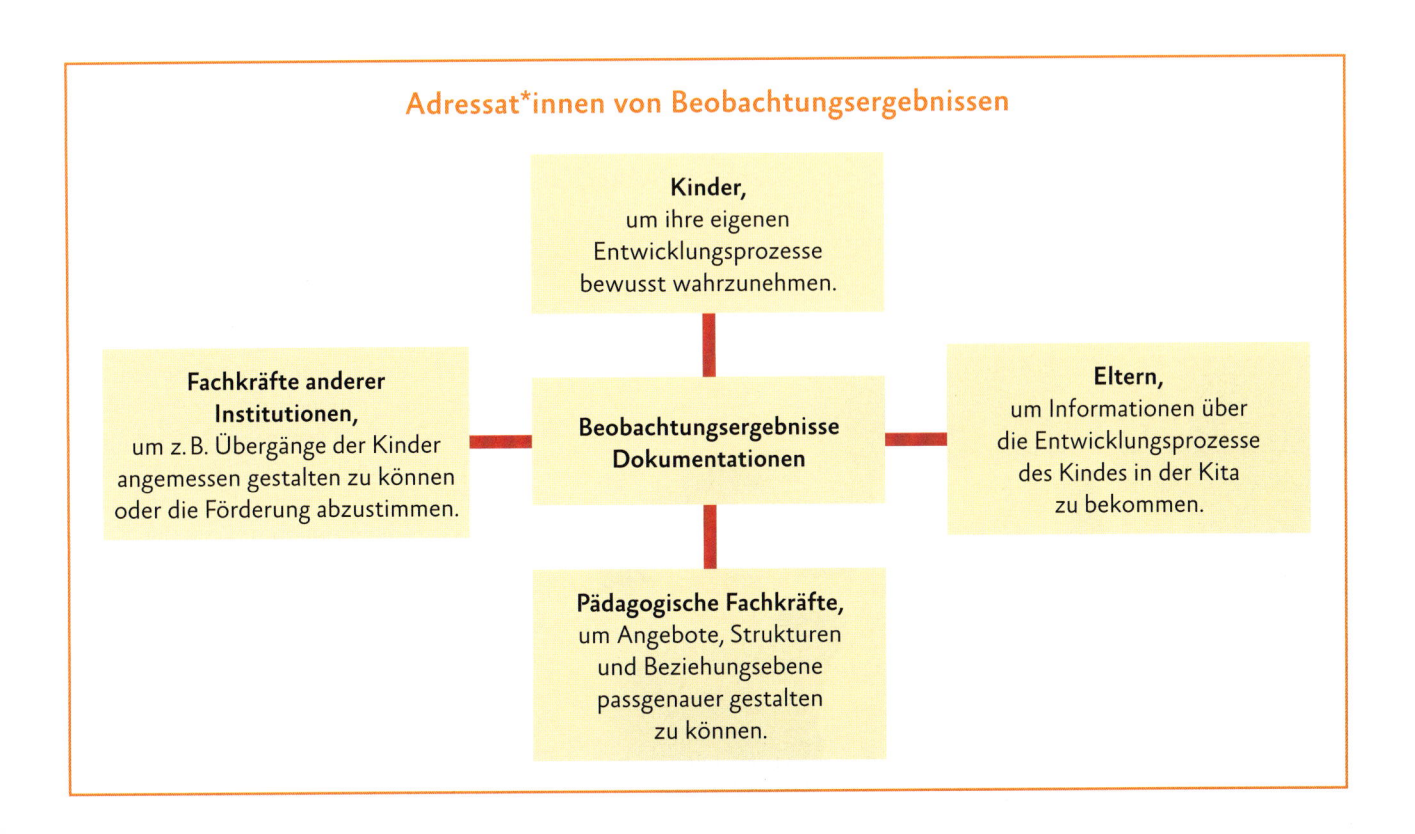

Adressat*innen von Beobachtungsergebnissen

Kinder, um ihre eigenen Entwicklungsprozesse bewusst wahrzunehmen.

Fachkräfte anderer Institutionen, um z. B. Übergänge der Kinder angemessen gestalten zu können oder die Förderung abzustimmen.

Beobachtungsergebnisse Dokumentationen

Eltern, um Informationen über die Entwicklungsprozesse des Kindes in der Kita zu bekommen.

Pädagogische Fachkräfte, um Angebote, Strukturen und Beziehungsebene passgenauer gestalten zu können.

Konzeptionelle Einbindung

Jede Kindertageseinrichtung braucht ein Beobachtungs- und Dokumentationskonzept. In vielen Einrichtungen ist es aufgegliedert in Verfahren zur Entwicklungsbeobachtung und Portfolio. Für beide Bereiche können unterschiedliche Ziele und Rahmenbedingungen definiert werden. So kann beispielsweise im Konzept ein digitales Verfahren zur Entwicklungsbeobachtung und ein analoges Portfolio festgelegt werden. In vielen Bundesländern ist im Rahmen von Bildungs- und Orientierungsplänen vorgegeben, welches Beobachtungs- und Dokumentationsverfahren zu nutzen ist. Dies beschränkt sich meist auf Entwicklungsbeobachtungen. Somit gilt es bei der Einführung eines (digitalen) Entwicklungsbeobachtungs- und Dokumentationsverfahrens genau zu prüfen, ob der potenzielle Anbieter die Vorgaben der Bildungs- und Orientierungspläne erfüllt. Im digitalen Portfoliobereich ist zu klären, welche Möglichkeiten das Kind bei den unterschiedlichen Anbietern bekommt, sein Portfolio selbst zu gestalten. Bei einigen Anbietern ist das digitale Portfolio noch eher im Aufbau.

Webanwendung für Krippen, Kitas und Horte, die einen Beobachtungsschwerpunkt aufweist. Systematische Entwicklungsbeobachtungen können bei KITALINO mithilfe von standardisierten, wissenschaftlich abgesicherten Beobachtungsverfahren direkt digital ausgefüllt und ausgewertet werden. Zu den Verfahren zählen z. B. seldak, sismik, perik, BaSiK, liseb oder die Entwicklungsbeobachtung und Dokumentation (EBD) nach Petermann & Petermann sowie die validierten Grenzsteine der Entwicklung. Dabei ist es möglich, mehrere Beobachtungszeitpunkte bei einem Kind zu vergleichen und so seine Entwicklung in diesem Zeitraum beispielsweise für ein Elterngespräch sichtbar zu machen. Die erhobenen Daten werden dabei sicher auf einem deutschen Server gespeichert und sind auf allen gängigen Endgeräten wie PC, Laptop oder Tablet verfügbar und bearbeitbar.

Die Kinder üben sich in der Handhabung des Tablets zu Dokumentationszwecken.

Beobachtung der kindlichen Bildungsprozesse

Strukturierte Verfahren, die die Bildungsprozesse, Themen und Zugänge von Kindern in den Blick nehmen, sind zum Beispiel:
- Bildungs- und Lerngeschichten nach Margaret Carr,
- Leuvener Engagiertheitsskala nach Ferre Leavers,
- Schemata Kinderbeobachtungen nach Pestalozzi-Fröbel-Haus, Berlin,
- Themen der Kinder nach Laewen und Andres (INFANS),
- Multiple Intelligenzen nach Howard Gardner.

Diese stärken- und prozessorientierten Beobachtungs- und Dokumentationsverfahren nehmen die Bildungsprozesse der Kinder anhand von definierten Kriterien (z. B. Handlungsmuster, Lerndispositionen) unter die Lupe. Die Beobachtungsergebnisse geben Auskunft über die Themen, mit denen sich ein Kind gerade beschäftigt, und über Zugänge, mit deren Hilfe es sich die Welt aneignet. Einige Verfahren richten den Blick auch darauf, ob ein Kind sich in der Kita wohlfühlt und ob es sich engagiert mit seiner Umwelt auseinandersetzt. Aus den Beobachtungen und den dokumentierten Ergebnissen können dann Schlussfolgerungen für das pädagogische Handeln gezogen werden. Eine entscheidende Rolle spielt bei diesen Verfahren der Austausch der Beteiligten. Einige Verfahren legen den Schwerpunkt auf die gemeinsame Interpretation und Verständigung unter den pädagogischen Fachkräften und zwischen Fachkräften und Eltern, andere beziehen ausdrücklich auch den Austausch und die Verständigung mit den Kindern ein.

Freie, offene Bildungsdokumentationen

Bildungsdokumentationen wie beispielsweise Portfolios oder Ich-Ordner sind der jüngste Zweig in der „Familie" der Dokumentationsverfahren. Mit ihnen können die individuellen Zugänge der Kinder und ihre Wege der Selbstbildung deutlicher dokumentiert werden. Bildungsdokumentationen in diesem Sinne sind viel mehr als nur Aufzeichnungen vom Wissens- oder Entwicklungsstand der Kinder. Sie machen die Entwicklungs- und Bildungsprozesse für das Kind selbst und für andere (pädagogische Fachkräfte, Eltern) sichtbar und ermutigen Kinder dadurch, den Erwerb von Fähigkeiten selbst in die Hand zu nehmen. Die Portfolioarbeit gibt in erster Linie den Kindern selbst die Möglichkeit, ihr Wissen und Können, ihre Form, sich der Welt zu nähern, (bewusst) wahrzunehmen. Die Vorgehensweise dieser Verfahren ist dabei nicht vorgegeben oder strukturiert.

In individuellen Portfoliosammlungen werden gemeinsam mit dem Kind Beobachtungen zusammengetragen, die seine Lebenswelt, seine Interessen und Zugänge, genauso wie seine Bildungs- und Entwicklungsprozesse sichtbar machen. Dies kann in analogen Ordnern und Schatzkisten oder digital mithilfe von Tablet, Smartphone oder PC erfolgen. Portfolioarbeit – unabhängig davon, ob sie analog, digital oder in einer Kombination aus beidem entsteht – richtet den Blick auf das Können des einzelnen Kindes, auf seine Stärken und individuellen Entwicklungsschritte. Ergänzt werden die Dokumente der Kinder durch die Beobachtungseindrücke der Erwachsenen. Dabei spielt der Dialog mit dem Kind über seine Schritte, Sammlungen und Sichtweisen eine entscheidende Rolle.

Portfolioarbeit stärkt Stärken

Schon früh entwickeln Kinder ein Selbstgefühl, ein Bewusstsein über sich selbst. Bereits Kleinkinder erleben, dass sie mit ihren Handlungen etwas bewirken, wie beispielsweise durch das bittende Heben der Arme auf den Arm genommen zu werden. Mithilfe dieser Selbstwirksamkeitserfahrungen bilden Kinder nach und nach ein Bewusstsein über sich selbst aus. Bin ich okay, so wie ich bin? Was kann ich mir zutrauen? Wird das, was ich anfange, erfolgreich sein? Während einige Kinder dabei mit Zuversicht und Selbstvertrauen in die Welt schauen, beginnen andere an sich zu zweifeln.

Selbstwertgefühl und damit auch Identität entsteht im Krippen- und Kita-Alter vor allem im Kontakt mit anderen. Andere Kinder und Erwachsene prägen in dieser Zeit durch ihre Signale nachhaltig das Selbstkonzept eines Kindes und damit seine Einstellung zu sich selbst. Laut Haug-Schnabel und Bensel besteht „das Hauptziel einer erfolgreichen Entwicklungsförderung in der Stärkung des Selbstwertgefühls und der Selbstwirksamkeit über Erfolgserlebnisse" (Haug-Schnabel/Bensel 2019, S.10). Eine stärkenorientierte Portfolioarbeit kann zusammen mit einer entsprechenden Fachkraft-Kind-Interaktion dazu beitragen, sich selbst besser kennenzulernen und ein positives Selbstbild zu entwickeln. Gelungene Bewältigungserfahrungen, wie sie im Portfolio gesammelt werden, tragen entscheidend dazu bei, dass Kinder mit schwierigen Situationen und Belastungen umgehen und neue Entwicklungsaufgaben bewältigen können (vgl. ebd., S. 6).

Schwerpunkte setzen

Die unterschiedlichen Verfahren (Entwicklungsbeobachtung, strukturierte Verfahren, die die Themen der Kinder in den Blick nehmen, und Portfolioarbeit) können sich in der Praxis ergänzen und durch die Vielfalt der Blickwinkel ein umfassendes Bild des jeweiligen Kindes vermitteln. Eine Umsetzung all dieser Verfahren ist in der Kita-Praxis jedoch nur selten möglich, da meist die notwendigen Ressourcen (z. B. Zeit, Fortbildungen, Fachbegleitung) fehlen. Dies macht es erforderlich, Schwerpunkte zu setzen. In der Praxis hat sich die Portfolioarbeit als die Vorgehensweise bewährt, die den Blick am breitesten gefächert auf das Kind richtet. Damit bietet sie – unabhängig vom Alter der Kinder und ihrem Entwicklungsstand – differenzierte Handlungsansätze und Anknüpfungspunkte für die tägliche pädagogische Praxis, zumal sie bei den jeweiligen Kompetenzen und Themen des Kindes ansetzt. Aus diesem Grund legen wir den inhaltlichen Schwerpunkt dieses Heftes ganz bewusst auf das Beobachten und Dokumentieren im Dialog, auf die Portfolioarbeit. Wenn durch die Portfolioarbeit oder durch Alltagsbeobachtungen der pädagogischen Fachkräfte deutlich wird, dass für einzelne Kinder ein Förderbedarf besteht, ist es notwendig, darüber hinaus gezielt Entwicklungsbeobachtungen einzusetzen, die dabei helfen, den Förder- und Unterstützungsbedarf zu konkretisieren.

Portfolio

Das Portfolio ist eine zielgerichtete Sammlung von Dokumenten – sowohl der Kinder als auch der pädagogischen Fachkräfte und Eltern. Darin fließen Beobachtungseindrücke der Erwachsenen und die Werke der Kinder zusammen und machen Bildungsprozesse und Entwicklungsverläufe sichtbar. Kinder, Fachkräfte und Eltern haben so die Möglichkeit, eigene Handlungen und Vorgehensweisen zu reflektieren und zur Grundlage von nächsten Schritten zu machen.

Kinder haben ihre eigenen Sichtweisen.

II. Die Kinder und ihre Perspektive aktiv einbeziehen

1. Möglichkeiten der Portfolioarbeit

Die Handlungen der Kinder können aus unterschiedlichen Perspektiven in einem Portfolio dokumentiert werden.

- **Kinder halten ihre Erfahrungen und Eindrücke in ihren Werken fest:** meist als Zeichnungen, Collagen oder Fotos. In digitaler Form können es auch Audio- oder Videoaufnahmen sein. Kinder haben oft großen Spaß daran, eigene sprachliche Aufnahmen oder bewegte Bilder von sich selbst zu erstellen. Beim anschließenden Ansehen oder Anhören kann sich ein Kind noch einmal anders wahrnehmen, Vorgehensweisen reflektieren und daran anknüpfende, weiterführende Schritte entwickeln.
- **Fachkräfte beobachten und dokumentieren das Wahrgenommene gemeinsam mit den Kindern:** Dies geschieht beispielsweise bei Bildungs- und Lerngeschichten oder Be(ob)achtungsbriefen. Hier werden die Beobachtungen der Fachkräfte, ergänzt von den Aussagen der Kinder, meist als Texte festgehalten.

- **Fachkräfte/Eltern dokumentieren für das Kind:** Zum Beispiel, wenn Kinder die Möglichkeit bekommen, Gruppenfotos oder Seiten, die einen Ausflug oder ein Fest abbilden, in ihr Portfolio zu integrieren. Auch Eltern haben die Möglichkeit, etwas zum Portfolio beizutragen (Briefe an das Kind, Urlaubsseiten, Audio- oder Videobotschaften …).

2. Gespräche über Beobachtungen und Dokumentationen

Praxisbeispiel

„Klar kannst du heute schauen, was ich mache", antwortet die 4-jährige Sarah der Erzieherin Claudia. Sie teilt dann noch mit, dass sie jetzt in den Rollenspielbereich zu den Puppensachen geht, und fragt, ob Claudia auch dahin mitkommt. In der Puppenecke sieht Sarah sich zunächst um, schaut den anderen Kindern in der Verkleidungsecke kurz zu und geht dann zielstrebig zum Schrank mit dem Puppengeschirr. Sie hockt sich davor und beginnt, das Geschirr auszuräumen. Sie stellt alle Teile vor und neben sich auf den Boden und sortiert sie dann zu Stapeln – Teller und Töpfe jeweils übereinander. Als sie alles wieder zurück in den Schrank geräumt hat, wendet sie sich den Puppenkleidern zu. Auch hier räumt sie alle Teile zuerst aus, sortiert sie und räumt sie dann wieder ein. Nach etwa 15 Minuten verlässt sie den Rollenspielbereich. Gemeinsam mit Claudia geht sie zurück in ihre Stammgruppe. Am Nachmittag, als Sarah von ihrer Mutter abgeholt wird, fragt diese bei Claudia nach, was ihre Tochter denn heute gemacht hätte. „Oh, Sarah hat heute Morgen allein in der Puppenecke gespielt", ist Claudias Antwort. Sarah, die sich gerade die Schuhe anzieht, springt empört auf: „Das stimmt gar nicht! Ich hab nicht gespielt, ich hab alles aufgeräumt!"

Unsere Wahrnehmung und die Interpretation des Gesehenen sind immer subjektiv geprägt. Entsprechend kann die beobachtende Person Schlüsse aus einer Beobachtung ziehen, die aus der Perspektive des Kindes – so wie in diesem Beispiel – nicht zutreffend sind. Um sich einer objektiveren Interpretation der Beobachtung zu nähern, ist der Dialog mit dem Kind über sein Denken und Fühlen sowie seine Beweggründe notwendig. Deshalb ist es in der Praxis sinnvoll und erforderlich, die Kinder an den Beobachtungen und Dokumentationen zu beteiligen. Dies bedeutet unter anderem, dass die Kinder vor der Beobachtung informiert und um ihr Einverständnis gebeten werden. Im Anschluss wird die Beobachtung mit dem Kind besprochen und nach einer Verständigung über die Sichtweisen gemeinsam dokumentiert. Das letztendliche Entscheidungsrecht darüber, ob und wie die Ergebnisse dieses Nachgesprächs festgehalten werden, liegt beim Kind.

Die Perspektive des Kindes nachvollziehen

Wenn es das Ziel von Beobachtung ist, ein Kind besser verstehen zu wollen, gelingt dies nur durch den Versuch, die Perspektive des Kindes nachzuvollziehen. Die pädagogische Fachkraft lässt sich dafür auf den Blickwinkel des Kindes ein und verständigt sich mit ihm über seine Sicht der Dinge. Diese Form der Betrachtung und des Dialogs ergänzt die Beobachtung und geht gleichzeitig über sie hinaus, denn im Gespräch werden Hintergründe und neue Aspekte seitens des Kindes eingebracht. Damit wird der Dialog zu einem intensiven Austausch darüber, was das Kind bewegt. Die gemeinsame Auswertung der beobachteten Situation regt das Kind zudem an, über seine eigenen Kompetenzen und Aneignungswege nachzudenken. In der Auseinandersetzung mit dieser Fremd- und Selbsteinschätzung kann das Kind sich und seine eigenen Handlungen bewusster wahrnehmen, sie gezielter einsetzen und zunehmend handlungsfähiger werden. Somit ist diese Form des Dialogs schon Teil des pädagogischen Auftrags der Förderung und Bildungsbegleitung des einzelnen Kindes. Eine wesentliche Voraussetzung dafür ist, dass die pädagogische Fachkraft eine Dialogbereitschaft mitbringt, die beide Gesprächspartner als gleichwürdig achtet.

Praxisbeispiel

Einige Tage nach der Beobachtungssituation in der Puppenecke sitzen Sarah und Claudia zusammen und besprechen die Beobachtung: „Als ich deiner Mutter gesagt habe, dass du allein in der Puppenecke gespielt hast, hast du gesagt, dass du aufgeräumt hast und nicht gespielt." – „Ja, ich hab doch gar nicht gespielt. Da war alles ganz unordentlich und du hast Mama gesagt, ich hab gespielt." – „Was hättest du dir denn von mir gewünscht?" – „Du sollst Mama erzählen, dass ich aufgeräumt habe. Das kann ich ganz gut." – „Räumst du denn gerne auf?" – „Ja, dann sieht alles ganz schön aus."

Ziele der Portfolioarbeit

1. Mit Blick auf die Kinder:

- **Portfolioarbeit stärkt das Selbstbewusstsein von Kindern:** „Ich bin okay, so wie ich bin." Schon durch das Festhalten einer Situation wird für ein Kind deutlich, dass es wichtig und bedeutsam ist und akzeptiert wird, wie es ist. Die gelungenen Prozesse und der Ausdruck der eigenen Individualität lassen sich im Portfolio-Ordner immer wieder anschauen und können damit die emotionale Stabilität unterstützen und in schwierigen Situationen ein positiver Anker sein.
- **Portfolioarbeit verstärkt Selbstwirksamkeitserfahrungen:** „Das habe ich geschafft", „Ich kann etwas bewirken", „Ich bin wichtig für die Gemeinschaft". Ein stärkenorientiertes Portfolio macht gelungene Prozesse und Handlungserfolge sichtbar. Dies wirkt sich auch positiv auf die Einschätzung zukünftiger Handlungen aus. Gemeinsame Erfolge fördern das Gemeinschaftsgefühl und stärken die sozialen Kompetenzen.
- **Portfolioarbeit unterstützt und intensiviert Bildungsprozesse:** „Schau mal, das war deine Idee ... und das ist daraus geworden." Bei der gemeinsamen Dokumentation wird das Erlebte mithilfe der Fotos, Zeichnungen oder Texte noch einmal nachvollzogen, sortiert und eingeordnet. Die Bildungsprozesse können so im gemeinsamen Gespräch reflektiert und gleichzeitig verankert und verstärkt werden.
- **Portfolioarbeit schafft Gesprächsanlässe:** Das gemeinsame Betrachten von Portfolioeinträgen unterstützt Gespräche sowohl der Kinder untereinander als auch mit Erwachsenen. Dies ermöglicht Fachkräften und Eltern einen besonderen Einblick in die individuellen Sichtweisen der Kinder. Dialoge über Bedeutsames fördern dabei gleichzeitig auch sprachliche Kompetenzen. Sprachaufnahmen können darüber hinaus zusätzliche Motivation schaffen, sich sprachlich auszudrücken.

2. Aus Perspektive der Fachkräfte:

- **Portfolioarbeit schafft Einblicke in das, was Kinder bewegt:** Durch die Werke der Kinder und den Dialog können Fachkräfte tiefer gehende Informationen über die individuellen Zugänge und Sichtweisen der Kinder bekommen. Schon bei der Auswahl von Bildern berichten Kinder, welche Motive hinter der Handlung stecken und was sie bewegt hat.
- **Portfolioarbeit ermöglicht ein Anknüpfen an die Themen der Kinder:** Aus den Äußerungen der Kinder und den Aufzeichnungen im Portfolio ergeben sich zum Beispiel passgenaue Themen für die Projektarbeit oder Anknüpfungspunkte für die individuelle Förderung einzelner Kinder. Angebote, Materialauswahl und Raumgestaltung lassen sich genau wie Strukturen im Tagesablauf und das eigene Verhalten der Fachkraft mit den so gewonnenen Erkenntnissen passgenauer planen und reflektieren.

3. Aus Perspektive der Eltern

- **Portfolioarbeit ermöglicht einen positiven Blick auf das Kind:** Die stärkenorientierte Portfolioarbeit unterstützt Eltern darin, einen positiven und zutrauenden Blick auf ihr Kind zu behalten. Dies ist in einer Umwelt, die oft nach Fehlern fahndet und vergleicht, nicht immer einfach.
- **Portfolioarbeit erleichtert Einblicke in den Kita-Alltag:** Das, was Kinder und Fachkräfte im Portfolio dokumentieren, spiegelt auch immer den Kita-Alltag des Kindes wider. Mithilfe der Bilder und Geschichten können Eltern eher nachvollziehen, welcher pädagogische Hintergrund hinter bestimmten Angeboten oder Vorgehensweisen steckt. Dies unterstützt die Erziehungspartnerschaft von Eltern und Fachkräften.

Den Dialog mit Kindern gestalten

Um Kinder in Dialoge wirklich einzubeziehen, brauchen pädagogische Fachkräfte eine Haltung, die Kinder als gleichwürdige Gesprächspartner akzeptiert. In alltäglichen Gesprächen teilen Erwachsene häufig Kindern ihre Sicht der Dinge mit. Oftmals steuern sie im Gespräch ein vorher von ihnen im Stillen festgelegtes Ziel oder Ergebnis an. Anweisungen, Belehrungen oder bloße Mitteilungen nehmen einen großen Raum ein. Es geht in vielen Situationen eher darum, zu einem Kind zu sprechen als mit ihm. Erwachsene haben bei dieser Form der Kommunikation meist einen aktiven Part, während die Kinder in eine passive Rolle geraten. Um mit Kindern einen Dialog auf Augenhöhe zu führen, ist eine fragende und nicht eine „schon wissende" Haltung nötig. Im oben geschilderten Gespräch zwischen Sarah und ihrer Erzieherin Claudia gelingt dies. In solchen Dialogen zwischen Kindern und Erwachsenen geht es nicht um Richtig oder Falsch oder darum, was aus Erwachsenensicht Aussicht auf Erfolg hat, sondern vielmehr um den Prozess des gemeinsamen Nachdenkens. Die pädagogische Fachkraft erhält so Einblick in das Denken und Fühlen der Kinder, in ihre Annahmen über die Dinge und ihr Bild von sich selbst. Dies ermöglicht ihr, die Kinder auch in anderen Situationen und Zusammenhängen besser zu verstehen.

Solche Dialoge geben aber auch Kindern die Möglichkeit, ihr Gegenüber besser einzuschätzen. Zugleich erfahren sie etwas über sich selbst und können ihre Kompetenzen, Bedürfnisse und Gefühle bewusster wahrnehmen. Ein feinfühliger Dialog kann ihnen helfen, die eigenen Handlungsweisen differenzierter zu betrachten und eigene Ressourcen zu entdecken. Die Kinder nehmen den intensiven Austausch oft als eine besondere Form der Wertschätzung wahr und genießen die ungeteilte Aufmerksamkeit des Erwachsenen. Dabei können Gespräche über Beobachtungen ganz unmittelbar am Gesehenen anknüpfen. Zugleich gehen sie weit über die eigentliche Beobachtung hinaus und sind ein intensiver Austausch über das, was die Kinder bewegt und für sie gerade bedeutsam ist. Viele Kinder erinnern sich auch noch nach Monaten an diese intensiven Gespräche.

> **Dialoge mit Kindern führen, heißt:**
> - aktiv zuhören, dem Kind Zeit lassen zu erzählen und nicht zu schnell mit eigenen Antworten zur Stelle zu sein;
> - paraphrasieren, d.h. das vom Kind Gesagte in eigenen Worten wiederholen, um Verstehen zu signalisieren und sich rückzuversichern, ob alles richtig gehört und verstanden wurde
> - Pausen aushalten;
> - Rückmeldungen als Ich-Botschaften oder Fragen formulieren, ggf. Möglichkeiten aufzeigen oder Angebote machen.

3. Bildungsdokumentationen im Dialog mit Kindern erstellen

Die oben beschriebene Beobachtung im Dialog führt konsequenterweise auch zu einer Dokumentation im Dialog. Es entstehen Bildungsdokumentationen bzw. Portfolios, zu denen Erwachsene und Kinder gleichermaßen beitragen (vgl. Kapitel III, IV und VI). Erwachsene beobachten dabei aus ihrem Blickwinkel, stimmen ihre Beobachtungen mit den Kindern ab und erstellen Dokumente, die für die Kinder verständlich und nachvollziehbar sind. Die Kinder sammeln ihre eigenen Werke und halten die Aspekte, die für sie bedeutsam sind, fest. Auch diese sind wieder Anlass für den Austausch zwischen Kindern und pädagogischen Fachkräften. Das letzte Wort über die Sammlungen hat bei dieser Form der Dokumentation das Kind selbst. Es entscheidet, wie bestimmte Beobachtungen zu interpretie-

Intensiver Austausch über das von der Erzieherin beobachtete Geschehen.

> **Grundsätze der Portfolioarbeit**
> - Grundlage des Portfolios ist immer die Sichtweise der Kinder. Ihre Erfahrungen, Handlungen und Erfolge werden stärkenorientiert festgehalten.
> - Die Kinder sind bei der Portfolioarbeit immer aktiv beteiligt. Sie bestimmen mit über Inhalte und Form der Dokumentation und sind niemals nur gesteuerte Statist*innen.
> - In der Portfolioarbeit werden die Persönlichkeitsrechte von Kindern und Erwachsenen geachtet. Beobachtungen, Fotos, Video- oder Audioaufnahmen werden nur mit deren Einverständnis erstellt.
> - Der Portfolio-Ordner (sowohl in analoger als auch in digitaler Form) gehört dem Kind. Erwachsene und andere Kinder fragen, ob sie Einsicht bekommen dürfen.
> - Ziel der Portfolioarbeit ist die Stärkung der kindlichen Kompetenzen. Die Förderung von Selbstwirksamkeit und Selbstbewusstsein sind dabei entscheidende Schwerpunkte.

ren sind und was in seinen Ordner oder in seine Schatzkiste kommt. Bildungsdokumentationen ermöglichen beim Betrachten sowohl für Kinder als auch für Erwachsene das Nachvollziehen der Prozesse: Wie ist das Kind zu seinem Ergebnis gekommen? Welchen Weg hat es dabei genommen? Welche Themen, Anliegen und Strategien verfolgt es? Fachkräfte können daraus Schlussfolgerungen für ihre pädagogische Arbeit ziehen (vgl. Kapitel V).

Individuelle Bildungsdokumentationen entwickeln

Für individuelle Bildungsdokumentationen lassen sich die Methoden nicht durch standardisierte Kopiervorlagen vorgeben. Vielmehr muss es darum gehen, feinfühlig die Bildungszugänge und Interessen des Kindes wahrzunehmen und zu dokumentieren oder von ihm selbst dokumentieren zu lassen. Wenn es das Ziel ist, die Bildungsprozesse des Kindes sichtbar zu machen und ihm Gelegenheit zu geben, seine eigenen Sichtweisen darzustellen, können vorgefertigte, für alle Kinder gleiche Seiten nicht das Mittel der Wahl sein. Eine solche Methodik bietet zwar eine (scheinbare) Vergleichbarkeit der Ergebnisse und vielleicht auch eine leichtere Beurteilbarkeit, doch gerade da liegt häufig die Problematik. Es wird verglichen, was nicht zu vergleichen ist. Kindliche Bildungs- und Entwicklungsprozesse nehmen individuelle Wege; sie verlaufen nicht im Gleichklang, haben unterschiedliche Voraussetzungen und Hintergründe. Dokumentationen sollen Kindern Mut machen, ihre individuellen Bildungswege zu gehen und sich dabei als kompetente, selbstbewusste Lernende zu erleben.

Persönlichkeitsrechte achten

Beim Erstellen eines Portfolios richten Kind und Fachkraft gemeinsam den Blick auf die individuellen Prozesse des Kindes. Dabei geht es immer auch um seine Persönlichkeitsrechte und sein Recht auf (informelle) Selbstbestimmung. Dies ist gerade in einer Zeit, in der die Formen der Selbstdarstellung und Selbstpreisgabe im digitalen Bereich eine große Herausforderung darstellen, auch in der Pädagogik ein wichtiger Aspekt.

Das Kind hat das Recht,
- über die Beobachtung und das Fotografiertwerden informiert zu sein;
- gefragt zu werden, ob eine bestimmte Situation beobachtet und dokumentiert werden darf. Darin eingeschlossen ist das Recht „Nein" oder „Jetzt (noch) nicht" zu sagen;
- über die Form mitbestimmen zu dürfen;
- sich aktiv beteiligen zu können.

Diese Rechte gilt es, für das Kind deutlich zu machen. Schon in der Krippe können die Kinder beispielsweise bei der Auswahl der Fotos beteiligt werden. Da die Kinder ihre Wahl nicht immer kommunizieren können, sollten die Fachkräfte auf nonverbale Äußerungen achten, beispielsweise ein längerer Blick auf ein bestimmtes Bild oder das Zeigen darauf (s. dazu auch Kapitel III.2).

4. Portfolio – digital unterstützt

Digitale Portfolios können mit Audio- und Videoformaten die Darstellungs- und Bearbeitungsmöglichkeiten ganz erheblich erweitern. Erlebnisse und Entwicklungen werden in einem digitalen Heft oder Ordner leichter von den Kindern selbst, ohne die Schriftsprache der Erwachsenen, festgehalten. Vielfältigere Darstellungsmöglichkeiten und schnellere Dokumentation erleichtern auch die spätere Erinnerung, die gemeinsame Reflexion und weiterführende Auseinandersetzungen – zum Beispiel, wenn Kinder sich selbst auf einer Audioaufnahme hören können. Audio- und Videoaufnahmen ermöglichen es auch, in der eigenen Herkunftssprache Situationen zu beschreiben, und stärken dadurch sprachliche Fähigkeiten.

Das Hauptaugenmerk liegt dabei, genau wie im analogen Bereich, stärkenorientiert auf den Kompetenzen des einzelnen Kindes, darauf, was es kann, weiß und bewältigt. Das digitale Portfolio als „Schatzkiste" ermöglicht auch Kindern, die sonst nur wenig mit Papier und Stift agieren, ein Festhalten und Betrachten ihrer Entwicklungsschritte und ihres Könnens. Durch die digitale Umsetzung wird eine sofortige Dokumentation des Prozesses für Kinder und Fachkräfte möglich (ohne langwieriges Sammeln, Ausdrucken im Drogeriemarkt und anschließendem Sortieren). Die Fotoserie, beispielsweise über die Entstehung eines Bauwerkes, kann sofort gemeinsam erstellt und gespeichert werden. Sie hält den Prozess zeitnah fest und macht für die Kinder ganz unmittelbar Handlungserfolge und Abläufe vom Baubeginn bis zur Fertigstellung sichtbar. Die gemeinsam direkt im Anschluss erstellten Seiten erleichtern es Kindern, Strukturen nachzuvollziehen, neue zu entwickeln und dabei die eigene Wirkung zu erkennen. Durch die gemeinsame Erstellung wird der Bildungsprozess noch einmal zeitnah nachvollzogen, reflektiert und verankert.

Der Einsatz von digitalen Gestaltungsmöglichkeiten bedeutet nicht gleich, dass alle Gruppen oder Fachräume mit einem Tablet ausgestattet sind und dass das WLAN überall perfekt funktioniert. Gerade bei der Gestaltung eines Portfolios gibt es zwischen der reinen analogen Ordnerform und dem komplett digitalen Portfolio unterschiedliche Möglichkeiten, sich „heranzutasten". Dabei muss sich ein Team nicht für digital oder analog entscheiden, sondern kann mit sich ergänzenden Methoden experimentieren.

Digital fotografieren – analog gestalten

Mit einem (gebrauchten) Smartphone ohne Internetzugang als Fotoapparat können die Kinder selbst ihre Aufnahmen machen und speichern. Dies ist die Möglichkeit mit dem wohl geringsten technischen Aufwand. Per Bluetooth, der kabellosen Datenübertragung zwischen Geräten über kurze Distanz (Funktechnik), können die Fotodaten dann zum Beispiel mit AirPrint übermittelt und mithilfe eines Druckers ausgedruckt werden. Die Druckerhersteller bieten für Android und iOS auch eigene Apps an, mit denen das Handy bzw. Tablet mit dem Drucker verbunden und eingerichtet werden kann. Dies können ältere Kita-Kinder meist schon selbst erledigen. Dafür wird in der Regel kein spezieller Foto-Drucker oder (teures) Fotopapier benötigt. Für die Alltagsdokumentation reicht ein Standarddruck auf Normalpapier aus.

Tonaufnahmen im analogen Ordner mit QR-Code hörbar machen

Eine weitere digitale Ergänzung zum analogen Portfolio kann das Erstellen von Audioaufnahmen sein, die mithilfe von QR-Codes abspielbar gemacht werden. Ein vom Kind gesprochener Text kann so beispielsweise mithilfe von (meist kostenpflichtigen) Tools wie „QR Code Generator" in einen QR-Code umgewandelt werden. Dieser Code wird wie ein Foto ausgedruckt und ins Portfolio geklebt. Mit einem Smartphone oder Tablet kann der Code von den Kindern selbst ausgelesen und die Tondatei angehört werden. Die Quelldatei kann dafür zunächst für einen

> **Literaturtipp**
> Bostelmann, A./Engelbrecht, C./Möllers, G. (2017): Das Portfolio-Konzept digital für den Kindergarten. Berlin: Bananenblau.
>
> Lepold, M./Lill, T./Tuffentsammer, M. (2021): Digitale Beobachtung und Dokumentation in der Kita. Freiburg: Herder.

Mithilfe des Tablets werden Bauwerke in verschiedenen Stadien festgehalten.

Vor- und Nachteile von Audiostiften

Vorteile:
- Kinder, Eltern und Fachkräfte können sofort ohne großen zeitlichen oder technischen Aufwand eine Audiodatei erstellen.
- Veränderungen an der Audiodatei sind leicht möglich.
- Die Stifte sind nicht mit dem Internet verbunden. Deshalb ist der Datenschutz leichter zu gewährleisten.

Nachteile:
- Das Kind braucht immer den entsprechenden Stift zum Auslesen.
- Nach Verlassen der Kita können die Audiodateien zwar auf einem Speichermedium mitgegeben werden, eine Zuordnung zu den Aufklebern ist dann aber nicht mehr gegeben.

Beispielhafte Auswahl an Audiostiften
- Anybook Audiostift (Franklin Audi-digitaler Vorlesestift), 200 Stunden Aufnahmekapazität, mini-USB, Kopfhörerbuchse (www.anybookreader.de)
- Tellimero, der sprechende Stift, 160 Stunden Aufnahmekapazität, USB, Kopfhörerbuchse (www.betzold.de)
- Digitaler Hörstift bookii, 260 Stunden Aufnahmekapazität, USB, Kopfhörerbuchse, ermöglicht auch das Abspielen von Videos über Bluetooth-Koppelung mit Smartphones/Tablets (www.bookii.de)

gewissen Zeitraum auf einem Gerät in der Kita hinterlegt sein. Wenn diese Quelldatei gelöscht wird, ist der QR-Code nicht mehr aktiv. Um die Audiodateien auch nach dem Ausscheiden des Kindes und dem damit verbundenen Löschen der Dateien für die Familien zu erhalten, sollten die Daten auf einem Datenstick gespeichert werden. Um den Datenschutz zu wahren, dürfen bei den Sprachnachrichten keine personenbezogenen Daten wie vollständige Namen, Adressen, Geburtsdaten, Telefonnummern o. Ä. genannt werden.

„Sprechende Stifte" als Ergänzung zum analogen Portfolio

Eine weitere Möglichkeit für Kinder, ihre Bildungsprozesse selbsttätig zu dokumentieren, sind „sprechende Stifte". Im Prinzip handelt es sich dabei um ein einfaches digitales Diktiergerät in Stiftform, das die Möglichkeit bietet, Sprachnachrichten, Geräusche oder Musik aufzunehmen und wieder abzuspielen. Die jeweiligen Aufnahmen werden dabei einem Aufkleber mit Code zugeordnet. Ein Sensor in der Spitze der Stifte ermöglicht das Auslesen des Codes und das Abspielen der jeweiligen Datei. Ein Auftippen mit der Spitze des Stiftes auf dem Aufkleber reicht zum Aktivieren der zuvor aufgenommenen Sprachnachricht. Alle Stifte haben eine Kopfhörerbuchse, sodass ein Abspielen der Audiodateien auch für andere „lautlos" erfolgen kann. Über einen USB-Anschluss können die aufgenommenen Audiodateien später auf andere digitale Endgeräte übertragen und so auch für Eltern zugänglich gemacht werden.

Die Audiostifte lassen sich vielfältig für Dokumentationszwecke einsetzen. Im analogen Portfolio beispielsweise kann der Stift (in Verbindung mit einem Aufkleber) den Kommentar eines Kindes zu seinem Bauwerk aufzeichnen und jederzeit wieder abspielen. Audiodateien können so im Ordner Fotos oder Zeichnungen ergänzen. Auch eine schriftlich festgehaltene Bildungs- und Lerngeschichte kann, mit einem Aufkleber versehen, den von der Fachkraft aufgenommenen Text hörbar machen. Das Kind hat so unabhängig von der Fachkraft die Möglichkeit, sich den Text anzuhören. „Könnernotizen" von den Kindern selbst, von Fachkräften oder Eltern können unproblematisch aufgesprochen und mit einem Sticker auf das dazu passende

Audiostifte lassen sich vielfältig einsetzen.

Foto geklebt werden. Auch bei Projekt- oder Gruppendokumentationen können die Stifte und Aufkleber gut eingesetzt werden. Beispielsweise werden einzelne Projektschritte, die auf einer Wanddokumentation dargestellt werden, für die Audioaufnahmen von den Kindern noch einmal nachvollzogen und reflektiert. Die Kinder sind auch hier aktiv beteiligt und bringen ihre Sichtweise zum Ausdruck. Eltern erhalten durch diese „sprechenden Dokumentationen" einen detaillierteren, vielperspektivischen Eindruck vom Geschehen in der Kita. Für Eltern besteht mithilfe der Stifte auch die Möglichkeit, eigene Audiodateien zum Portfolio des Kindes beizusteuern, beispielsweise einen Text in der eigenen Herkunftssprache.

Taschendrucker nutzen

Einen unkomplizierten Einstieg in die digitale Portfolioarbeit bieten kleine, kostengünstige akkubetriebene Bluetooth-Taschen-Thermodrucker (z.B. von PariPage, Phomemo oder Paperang für ca. 50–70 Euro). In diese Drucker wird ein thermosensitives Spezialpapier in Rollen eingesetzt, das ähnlich auch bei Kassenbons oder Parkscheinen Verwendung findet – bei diesen Taschendruckern allerdings ohne Phenol und BPA, mit bis zu bis zu einer Auflösung von 300 dpi nicht so pixelig und je nach Papier bis zu 20 Jahre vor dem Verbleichen geschützt. Der Druck ist schwarz-weiß, kleinformatig (5,3 cm oder 8 cm breit) und benötigt keine Druckertinte. Mithilfe eines Smartphones oder Tablets und einer App können Kinder den Druck ihrer Fotos selbst in Auftrag geben.

Portfolioseiten digital erstellen und anschließend drucken

Ist in der Kita ein Tablet vorhanden, können Portfolioseiten komplett digital – mit Fotos, Text und Zeichnungen – erstellt und anschließend als ganze Seite an einem herkömmlichen Bürodrucker ausgedruckt werden. Dieses Vorgehen hat den Vorteil, dass die Seiten unmittelbar nach einer Beobachtungssituation gemeinsam mit den Kindern auf dem Tablet erstellt und gleich ausgedruckt werden können. Wichtig aus datenschutzrechtlicher Sicht ist dabei, dass die Seiten ausschließlich nur auf dem Tablet oder einem separaten Datenstick gespeichert werden. Die Speicherung auf externen Servern (Cloud) muss von den zuständigen Datenschutzbeauftragten überprüft werden.

Regeln der Informations- und Dokumentationsweitergabe

Die digitale Informationsweitergabe an Eltern birgt in manchen Fällen die Gefahr, dass Eltern erwarten, stetig, schnell und umfassend über das Geschehen in der Kita informiert zu werden. Diese Anforderung können pädagogische Fachkräfte nicht erfüllen. Um die Erwartungen in einem bewältigbaren Rahmen zu halten, braucht es für die Kommunikation mit den Eltern und auch im Team klare Absprachen. Im Folgenden sind einige Beispiele aufgeführt:
- Es ist die Entscheidung des Kindes, ob seine Portfolioseiten an die Eltern weitergegeben werden.
- Um die Zeiten für die Kinder nicht zu kürzen, leiten Fachkräfte Informationen nur zu bestimmten Uhrzeiten oder an bestimmten Tagen weiter. Anfragen von Eltern werden ebenfalls nur in diesem Zeitraum beantwortet.
- Bei Kindern, die sich noch in der Eingewöhnungsphase befinden, erhalten Eltern in kürzeren Abständen Informationen.
- …

Digital erstellen mit Textverarbeitungs- oder Kreativ-Apps

Um digitale Portfolioseiten (wie auf einem DIN-A4-Blatt) zu erstellen, können (kostenfreie) Textverarbeitungs-Apps verwendet werden. Dies gelingt am unkompliziertesten mit Apple-Geräten (iPad, Laptop, PC und – etwas schwieriger durch das kleinere Display – auch mit dem iPhone). Mithilfe der bereits vorinstallierten App „Pages" können auf einzelnen Seiten Fotos, Audiodateien und kleine Videos angeordnet werden. Seite für Seite kann so ein digitales Heft eines einzelnen Kindes oder einer Gruppe entstehen. Die Fotos und Videodateien können dabei gleich mit dem Smartphone aufgenommen und eingefügt werden. Audioformate werden im Programm direkt auf der Seite aufgenommen und gespeichert. Sie sind dann durch einen kleinen, frei positionierbaren Button gekennzeichnet. Durch das Antippen des Audio-Buttons lässt sich die Tondatei abspielen.

Auch mit Kreativ-Apps (zum Teil kostenpflichtig) wie „BookCreator" (Apple) oder „BookTraps" (Android), „Noteshelf" und „GoodNotes" (Apple und Android) können digitale Hefte gestaltet werden. Auf einem Tablet können Kinder bei diesen Apps auch eigene Zeichnungen mit einem Eingabestift hinzufügen. Aus Datenschutzgründen darf bei der

> **Digitale Portfolios und Medienpädagogik**
> Digitale Portfolios bilden immer auch eine Brücke zur Medienpädagogik. Sie bieten die Chance, Kinder aktiv (nicht nur konsumierend wie z. B. beim Filmeanschauen) in die Arbeit mit digitalen Endgeräten einzubeziehen, und erleichtern den Weg zum verantwortlichen und reflektierten Umgang mit diesen Medien.

Nutzung dieser Apps die Speicherung nicht auf den (meist amerikanischen) Servern der Anbieter erfolgen. Die sicherste Lösung ist, die App herunterzuladen und das Gerät dann vom WLAN zu trennen. Damit findet die Speicherung ausschließlich auf dem Endgerät statt. Nachteil ist, dass die Speicherkapazität dabei relativ schnell an ihre Grenzen kommt und die Daten bei einem Diebstahl verloren gehen. Um die Dateien später für die Kinder und Familien zu sichern, empfiehlt sich die Speicherung als Multimedia-PDF. In dieser Form sind die Seiten nicht mehr veränderbar, die Video- und Audioformate bleiben aber darin enthalten.

Digital erstellen mit Kita-Apps und -Anwendungen

KITALINO, „Nemborn" bzw. „Kita Digital" oder „Stramplerbande" sind spezielle Kita-Apps oder Webanwendungen, die u. a. Tools für die Portfolioarbeit bereitstellen. Sie bieten dem europäischen und kirchlichen Datenschutz entsprechend abgesicherte Systeme, die auch eine rechtlich einwandfreie Speicherung der Daten auf externen Servern beinhalten. Diese kostenpflichtigen Angebote (monatliche Kosten, meist pro Kind) beinhalten neben Kommunikations- und Verwaltungsfunktionen komfortable Möglichkeiten, digitale Portfolios zu erstellen, zu speichern und an Eltern weiterzugeben. Der Einsatz dieser Apps und Anwendungen erweitert damit gleichzeitig die Möglichkeiten für Eltern. Sie können mit ihrer Hilfe eigene Seiten für das Portfolio ihres Kindes erstellen. Das von einer Mutter gesungene Schlaflied in der Familiensprache kann so ein Kinderportfolio genauso erweitern wie kurze Videos aus dem letzten Urlaub oder die Fotos vom Ausflug mit den Großeltern.

Digitale Gruppendokumentationen und Pinnwände

Neben der Portfolioarbeit, die den Blick auf das einzelne Kind richtet, können auch Gruppenportfolios die pädagogische Arbeit der Kita unterstützen. Hier geht es nicht um die Entwicklungsschritte einzelner Kinder, sondern die Gruppenaktivität, der Ausflug oder das aktuelle Projekt stehen im Vordergrund. Eine Vielzahl von Kita-Apps (s. oben) ermöglicht die Darstellung von Gruppenprozessen und bietet die Chance, sie mit anderen Kolleg*innen oder Eltern zu teilen.

Eine weitere Umsetzungsidee ist die Nutzung digitaler Pinnwände. „TaskCards" ist beispielsweise ein DSGVO-konformes Tool, das vielfältige Möglichkeiten bietet, Beiträge auf Karten zu erstellen und in Listen, Mindmaps oder freien Formen zu ordnen. So kann beispielsweise eine Spalte „Neues aus unserem Projekt" heißen, in der dann eine Karte mit „Das singen wir gerade" oder „Kinderspruch der Woche" neben einem Foto von den gerahmten neuesten Werken der Kinder aufgelistet wird. Die Pinnwandseiten von „TaskCards" können problemlos aktualisiert und Eltern und Kolleg*innen zugänglich gemacht werden.

Multimedia-PDF – das digitale Fotoalbum

Um den Eltern die digital erstellte Portfoliosammlung zugänglich zu machen, eignet sich am besten ein Format, das die unterschiedli-

Die Sammlung der Kinder kann laufend ergänzt und immer wieder betrachtet werden.

chen Dateitypen (Audio, Video, Zeichnungen usw.) im richtigen Kontext belässt und das universell auf allen Geräten abspielbar ist. Diese Voraussetzungen erfüllen Multimedia-PDFs. Sie ermöglichen es, die in „BookCreator", „Pages" oder anderen Apps erstellten Dateien mit allen Audio- oder Videodateien zu speichern. Die Inhalte sind dann nicht mehr (oder nur schwer) veränderbar, lassen sich aber auf allen neueren Endgeräten abspielen. Am einfachsten geht das mit dem Apple-System. Eine in „BookCreator" erstellte Datei wird dort mit zwei Klicks zur Multimedia-PDF und damit zum digitalen Fotoalbum, das sich dann entsprechend durchblättern lässt. Auch im Android- bzw. Windows-System ist die Erstellung von Multimedia-PDFs möglich; dafür wird dann aber ein weiteres Programm wie beispielsweise Adobe Acrobat DC benötigt.

Diese digitalen Medien können für die Dokumentation genutzt werden.

Eltern durch digitale Wege einbeziehen

Durch digitale Zugänge wie Kita-Apps besteht die Chance, Bilder, Videosequenzen oder Tonaufnahmen (z. B. vom letzten Ausflug) an die Familien zu senden. Diese können, mit einem kurzen Vermerk von der pädagogischen Fachkraft versehen, den Eltern einen zusätzlichen Zugang zum Alltag ihrer Kinder in der Kita ermöglichen. Die Eltern können so zu Hause mit dem Kind diese Eindrücke noch einmal nachvollziehen und auch Familienangehörige, die sonst nur wenig Einblick in den Kita-Alltag haben, mit einbeziehen. Dabei erleben sie die Kinder ganz direkt (auf dem Bild, in der Tonaufnahme, in der Videosequenz) und nicht nur über den Bericht der pädagogischen Fachkraft. Zudem wird der Fokus auf die Ressourcen des Kindes und seine Stärken gerichtet. Das schafft auch in den Familien Gesprächsanlässe und unterstützt den gemeinsamen Blick von Fachkräften und Eltern auf das Kind.

Dieser digitale Weg ist jedoch keine Einbahnstraße. Auch die Eltern können so ihre Familien(-kultur) in die Kita einbringen und somit den Fachkräften ermöglichen, sie noch besser kennenzulernen und zusätzliche Anknüpfungspunkte für die pädagogische Arbeit zu erhalten. Durch dieses gegenseitige „Sichtbarmachen" von Kita und Familien ergeben sich viele Gesprächsanlässe und ein hoher Grad an gegenseitiger Wertschätzung, wodurch wiederum das Vertrauen in die Erziehungs- und Bildungspartnerschaft unterstützt wird.

Die Kompetenzen der Kinder werden mit dem Tablet dokumentiert.

III. So können pädagogische Fachkräfte beobachten und dokumentieren

1. Voraussetzungen

Eine individuelle Begleitung und Unterstützung der kindlichen Bildungsprozesse setzt voraus, dass pädagogische Fachkräfte den Blick auf die Wege richten, die Kinder gehen. Dabei liegt das Hauptaugenmerk auf den individuellen Kompetenzen, auf dem, was jedes einzelne Kind kann, weiß und bewältigt – das Vorgehen ist prozess- und stärkenorientiert. Die Möglichkeiten reichen dabei von der freien, weitgehend ungerichteten Beobachtung bis zur gezielten Beobachtung mit einer bestimmten Fragestellung. Die unterschiedlichen Vorgehensweisen können sich ergänzen und einen umfassenden Einblick in die individuellen Entwicklungs- und Bildungsprozesse eines Kindes geben. Dabei ist es für die pädagogische Fachkraft wichtig, zunächst einmal keinen fest definierten Blickwinkel bei der Beobachtung zu haben. Vielmehr geht es darum, das Verhalten des Kindes in seiner Vielschichtigkeit unvoreingenommen wahrzunehmen, ohne dies sofort mit Defiziten zu verknüpfen. Bei späteren Beobachtungen kann dann der gerichtete Blick auf einen bestimmten Aspekt notwendig werden. Über die Beobachtung des einzelnen Kindes hinaus ist es erforderlich, seine Beziehungen und Interaktionen mit anderen Kindern und Erwachsenen in den Blick zu nehmen. Denn Lernen und sich Bilden sind keine isolierten Vorgänge, sondern Prozesse, die in der Auseinandersetzung mit anderen stattfinden (Ko-Konstruktion).

Im Folgenden werden unterschiedliche Beobachtungs- und Dokumentationsmethoden und -ideen vorgestellt, die zum einen das, was Kinder tun, breit gefächert betrachten und zum anderen bestimmte Prozesse differenziert in den Blick nehmen. Die Dokumentationen werden in erster Linie von den pädagogischen Fachkräften erstellt und spiegeln daher deren Wahrnehmung von den Aktivitäten des jeweiligen Kindes wider. Um die Beobachtungsergebnisse im Dialog mit den Kindern zu überprüfen und deren Sichtweise gegebenenfalls zu ergänzen, ist es notwendig, die Ergebnisse für Kinder verständlich und nachvollziehbar aufzubereiten. Dies kann beispielsweise mithilfe von Be(ob)achtungsbriefen, Wanddokumentationen oder Fotogeschichten geschehen.

2. Datenschutz und Urheberrecht

Datenschutz bedeutet, dass die Betroffenen grundsätzlich selbst über die Verwendung ihrer Daten bestimmen dürfen (Grundrecht auf informelle Selbstbestimmung). In der europäischen Datenschutzverordnung (DSGVO) ist daher festgeschrieben, dass personenbezogene Daten grundsätzlich nicht erhoben, gespeichert oder genutzt werden dürfen, es sei denn, es wird durch gesetzliche Regelungen oder die Einwilligung der Betroffenen (bzw. der gesetzlichen Vertreter*innen) ausdrücklich erlaubt. Dies gilt selbstverständlich auch für den Umgang mit personenbezogenen Daten im Rahmen der Kita-Arbeit. Personenbezogene Daten sind alle Angaben, die sich konkreten Personen, also Kindern, Eltern oder Mitarbeiter*innen, zuordnen lassen.

Digitale Aufnahmen von Kindern speichern und verarbeiten

Auch durch die Aufnahme von Stimmen, Fotos und Filmsequenzen und deren digitale Speicherung auf einem Endgerät oder anderen Speichermedien sind die Persönlichkeitsrechte der Kinder und eventuell auch der Eltern berührt. In vielen Fällen ging die vorherrschende Rechtsmeinung bisher davon aus, dass Fotos und auch Filmaufnahmen von Kindern nicht für die Durchführung der Betreuung notwendig sind. Diese Meinung verändert sich zunehmend, gerade im Hinblick auf die Verpflichtung zur Entwicklungsbeobachtung und Dokumentation im Rahmen von Kita-Portfolio-Ordnern. In Rheinland-Pfalz wurde bereits 2018 eine erweiterte Rechtsmeinung veröffentlicht. Diese geht davon aus, dass Fotos oder Videoaufnahmen, die im Rahmen der pädagogischen Arbeit beispielsweise für ein Portfolio oder zur internen Dokumentation von gemeinsamen Projekten aufgenommen und gespeichert werden, nicht zwingend die jeweilige Einwilligung der Betroffenen erforderlich machen. Diese im Rahmen des Bildungs- und Förderungsauftrages des §22 SGB VIII erstellten und gespeicherten Aufnahmen sind laut Kita-Server Rheinland-Pfalz zur rechtmäßigen Aufgabenerfüllung erforderlich. Es genügt, wenn gegenüber den Erziehungsberechtigten im Aufnahmegespräch, im Betreuungsvertrag und in der Konzeption deutlich gemacht wird, dass:

- „das Anfertigen von Fotos und Videoaufnahmen zu den Aufgaben der Kita gehört,
- die Aufnahmen nur zum internen Gebrauch bestimmt sind und nicht an Dritte weitergegeben werden,
- nicht benötigte Aufnahmen gelöscht werden und
- die Eltern und Kinder Einsicht in die Portfolios haben und verlangen können, dass Fotos, mit denen sie nicht einverstanden sind, entfernt bzw. gelöscht werden" (vgl. Kita-Server Rheinland-Pfalz „Dürfen Kinder in der Kita fotografiert werden?")

Aus datenschutzrechtlicher Sicht ist es in den meisten Bundesländern weitgehend unproblematisch, wenn Kita-Kinder Zugang zu ihren eigenen Portfoliodaten haben, auch wenn sich darunter Fotos von anderen Kindern befinden. Dabei spielt es keine Rolle, ob es sich um digitale oder analoge Daten handelt. Wenn Portfolioordner, die auch Fotos oder

---

Literaturtipp

Bostelmann, A. (2019): *Medienpädagogik in Kindergarten und Grundschule. 23 Ideen für die Bildungsarbeit mit 4- bis 8-jährigen Kindern.* Berlin: Bananenblau.

Roboom, S. (2019): *Mit Medien kompetent und kreativ umgehen – Basiswissen und Praxisideen.* 2. Auflage, Weinheim: Beltz.

andere personenbezogene Daten von anderen Kindern enthalten, am Ende der Kita-Zeit mit nach Hause genommen werden sollen, dann bedarf es einer „besonderen Willensbekundung" durch die Eltern. Meist reicht ein kleiner erklärender Text mit einem Kästchen zum Ankreuzen im Betreuungsvertrag. Es empfiehlt sich aber in jedem Fall, die gültige Rechtsmeinung zu diesen Fragen noch einmal im eigenen Bundesland und vom eigenen Träger zu erfragen.

Urheberrecht und das Recht am eigenen Bild

Neben dem Datenschutz werden bei der Verarbeitung von Foto- oder Filmaufnahmen noch zwei weitere Rechtsbereiche berührt: das Urheberrechtsgesetz, das die Ansprüche der Fotografierenden beschreibt, und das Recht am eigenen Bild der abgebildeten Person. Grundsätzlich haben Fotograf*innen oder Filmende das Recht zu bestimmen, was mit ihren Fotos oder Filmaufnahmen passiert. Dabei unterliegen sie aber Beschränkungen – insbesondere, wenn eine Person abgebildet wurde. Hier greift das Recht am eigenen Bild. Wenn eine Person eindeutig zu erkennen ist, darf die Aufnahme nur mit dem Einverständnis dieser Person oder ihrer Erziehungsberechtigten weiterverarbeitet werden. Das Recht am eigenen Bild ist mit seinen Ausnahmen beispielsweise bei Gruppenfotos im Kunsturhebergesetz § 22 geregelt.

Insgesamt hängen Datensicherheit und ein respektvoller Umgang mit Urheberrechten von der verantwortlichen und ordnungsgemäßen Anwendung ab. Daher ist es wichtig, die pädagogischen Fachkräfte vonseiten des Trägers über die notwendigen Maßnahmen und Vorgehensweisen aufzuklären und sie auf die Einhaltung der Datensicherheit zu verpflichten. Datenschutz in der Kita ist bei genauerer Betrachtung mehr als nur ein reines Rechts- oder Verwaltungsproblem. Vielmehr geht es hier um ein generelles respektvolles Umgehen mit den persönlichen Daten von Kindern, Eltern und Mitarbeitenden. Mit dieser Haltung wird der Datenschutz, als grundsätzlicher Schutz der Persönlichkeitsrechte, auch zu einem pädagogischen Thema im Gespräch und im Umgang mit den Kindern.

3. Beobachtungs-Mindmap

Die Beobachtungs-Mindmap bietet pädagogischen Fachkräften die Möglichkeit, die Spielvorlieben und Aufenthaltsorte der einzelnen Kinder über einen längeren Zeitraum in den Blick zu nehmen und zu dokumentieren. Dafür werden in der Mitte eines DIN-A3-Blattes der Name des Kindes und der Beobachtungszeitraum notiert (s. Foto). An die einzelnen „Äste" können dann die Spielbereiche geschrieben werden, in denen das Kind sich aufhält. Die beschrifteten Kreise oder Ovale an den Ästen stehen jeweils für eine Beobachtung. Jona war beispielsweise mit verschiedenen Spielpartner*innen und unterschiedlichen Materialien beschäftigt, hatte aber im Beobachtungszeitraum einen deutlichen Schwerpunkt im Konstruktionsbereich. Die Mindmap kann, wie in diesem Beispiel, mit Zeichen, die die beobachtete Engagiertheit von Jona wiedergeben, ergänzt werden. Die beobachtende Fachkraft vermerkt dafür mithilfe von Kreuzen, wie intensiv und engagiert Jona ins Spiel vertieft war. Die ein bis drei Kreuze orientieren sich an der „Leuvener Engagiertheitsskala". In diesem strukturierten Beobachtungs- und Dokumentationsverfahren werden die einzelnen Stufen der Engagiertheit von Kindern von sehr niedrig bis sehr hoch aufgezeigt. Der Begriff „Engagiertheit" beschreibt das aktive Beteiligtsein und die innere Auseinandersetzung mit einer Sache.

Wenn ein Kind sich wohlfühlt und ein hohes Maß an Engagiertheit in seinen Aktivitäten zeigt, ist dies die entscheidende Grundlage für nachhaltige Bildungsprozesse. Hoch engagiert sind Kinder, die sich konzentriert und „zeitvergessen" mit Begeisterung und Eifer mit einer Sache beschäftigen. Dabei lässt sich beobachten, dass sie sich nicht ablenken lassen und scheinbar mit jeder Faser ihres Körpers beteiligt sind. Kinder, die ein geringes Maß an Engagiertheit zeigen, erscheinen passiv. Ihre Handlungen wirken wenig anteilnehmend, sie träumen scheinbar vor sich hin (vgl. Vandenbussche/Laevers 2009, S. 14).

Spielinteressen und Engagiertheit des Kindes

Die Beobachtungs-Mindmap gibt nach einem Beobachtungszeitraum von etwa zwei bis vier Wochen Auskunft über die Orte, an denen sich ein Kind in der Kita aufhält, über seine Spielinteressen und sein jeweiliges Engagement. Wenn dabei auffällt, dass ein Kind bei seinem Spiel nur wenig oder selten Engagiertheit zeigt, kann das ein Anlass sein, die Bedingungen und Angebote der Kita zu überprüfen: Findet das Kind anregende, seinen Interessen entsprechende Spielanlässe? Sind die Strukturen geeignet, um sich ins Spiel zu vertiefen?

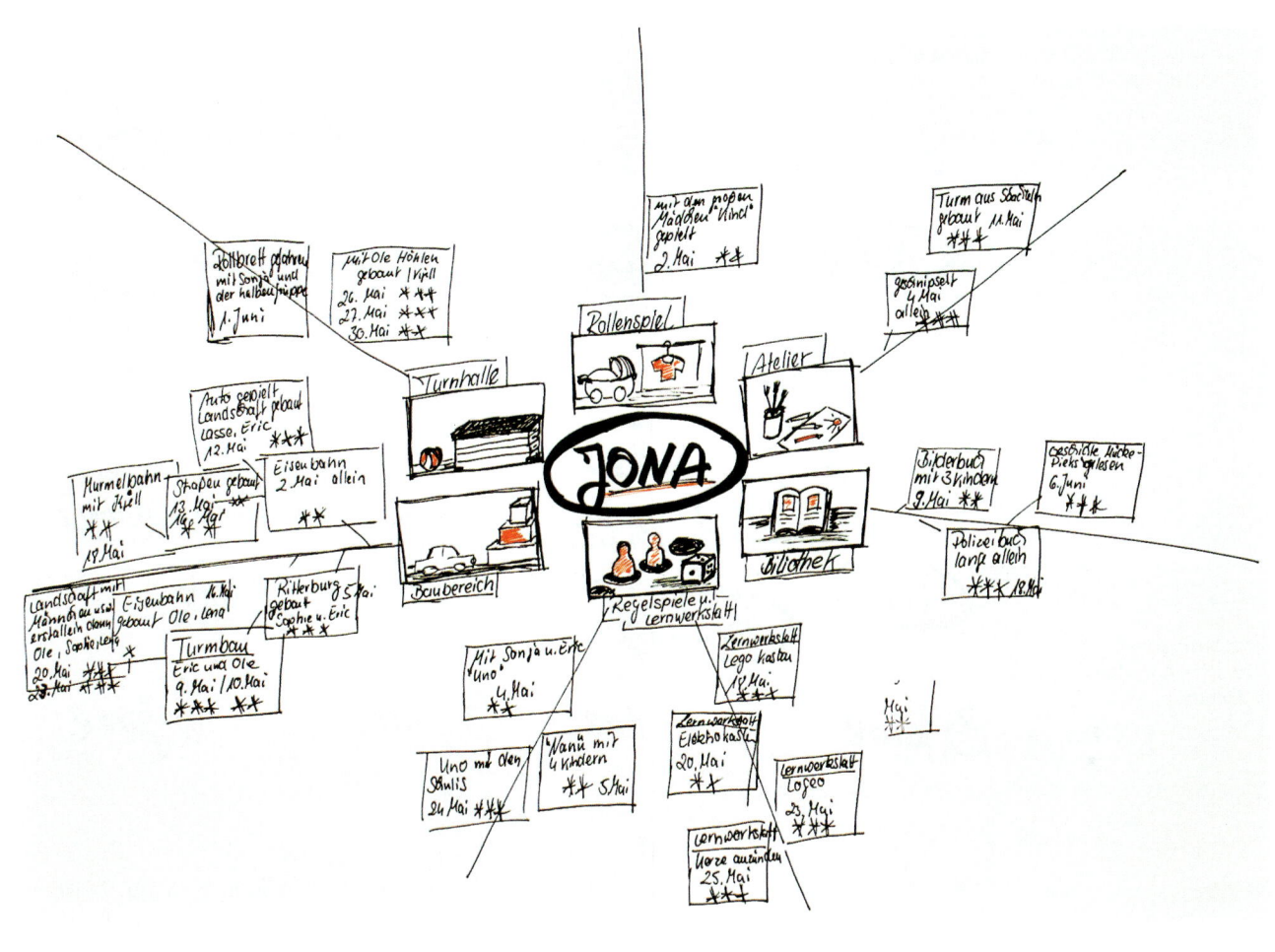

Die Mindmap verdeutlicht Jonas Spielvorlieben und Aufenthaltsorte.

In der Praxis werden die Mindmaps oft als Ausgangspunkt für Gespräche mit Kindern, Eltern oder Kolleg*innen genutzt. Um die Mindmaps mit Kindern „lesen" zu können, sind einige Fachkräfte dazu übergegangen, die einzelnen Äste mit Zeichnungen oder Symbolen zu ergänzen. „Da musst du jetzt was hinschreiben, ich war heute ganz lange auf dem Bauteppich!" So wie Jona können die Kinder anhand der Symbole leichter nachvollziehen, welche Aufzeichnungen von den Erwachsenen gemacht werden, und diese mitgestalten. Durch die Beobachtungen der Fachkräfte angeregt, zeichnen manche Kinder mithilfe von Symbolen Mindmaps für sich selbst. Von pädagogischen Fachkräften erstellte Beobachtungs-Mindmaps lassen sich besonders gut in Einrichtungen umsetzen, die weitgehend im Gruppenverband arbeiten, da die Kinder den Radius ihrer Bezugserzieher*innen seltener verlassen. Gemeinsam mit den Kolleg*innen können Beobachtungs-Mindmaps aber auch in der gruppenübergreifenden Kita-Arbeit erstellt werden. Hier können sie dann ein wichtiger Baustein sein, um die Interessen der Kinder für alle Kolleg*innen sichtbar zu machen. In einigen Einrichtungen haben sich zwei Mindmaps bewährt: eine für den Innenbereich und eine für das Spiel auf dem Außengelände.

4. Soziogramme

Um Beziehungen zu anderen Kindern und auch zu Erwachsenen in den Blick zu nehmen, eignen sich Soziogramme. Diese Methode wurde von Jacob Levy Moreno als grafische Darstellung von Beziehungen in Gruppen entwickelt (vgl. Moreno 1954). Dabei können Kontakte und Beziehungen beispielsweise durch Pfeile oder Verbindungslinien dargestellt werden. In der Kita-Praxis hat sich gezeigt, dass es sinnvoll ist, eher Spielsituationen als Kontaktaufnahmen zu dokumentieren. Spielsituationen bedeuten gemeinsames Agieren, meist über einen etwas längeren Zeitraum hinweg, und beinhalten eher soziale Beziehungen als ein bloßer Kontakt.

Grundsätzlich gibt es zwei Herangehensweisen, um ein Soziogramm zu erstellen: Eine Möglichkeit ist, alle Kinder gleichzeitig in frei

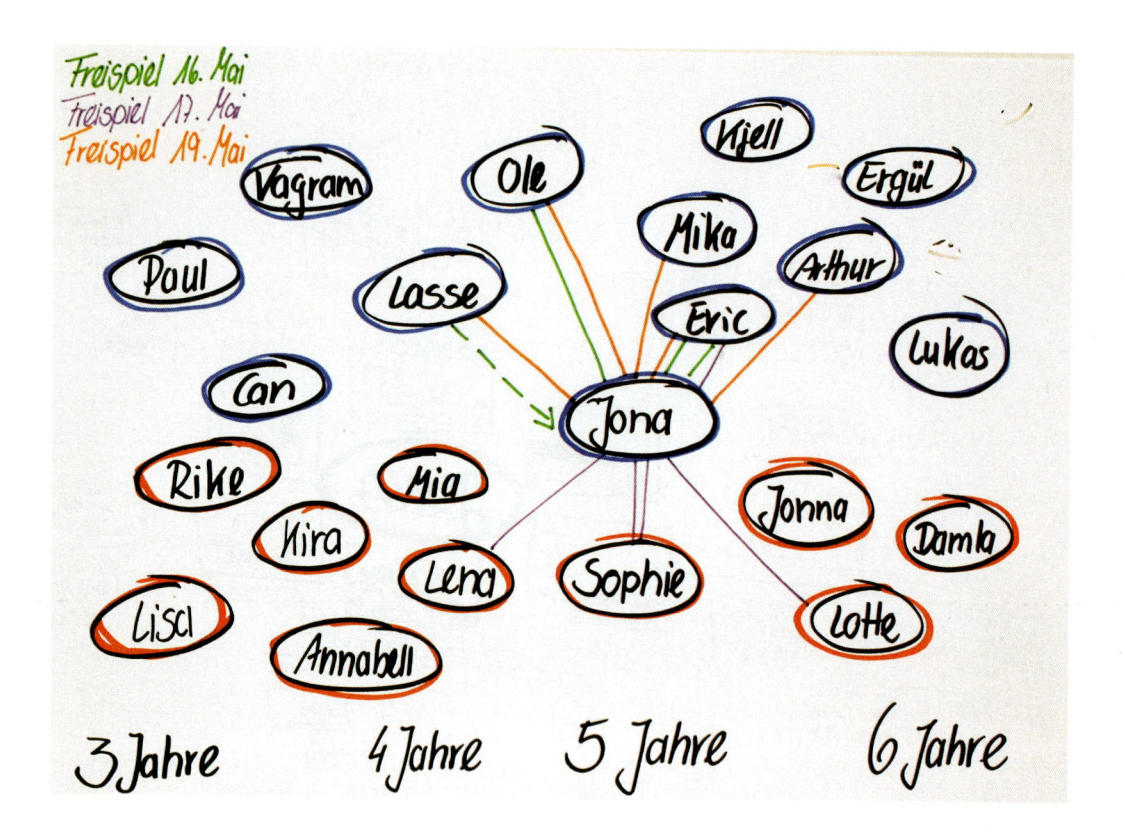

Jonas Soziogramm zeigt seine Kontakte und Interaktionen.

gewählten Spielsituationen in den Blick zu nehmen. Dafür werden die Namen aller Kinder der Gruppe verteilt auf ein DIN-A3-Blatt geschrieben; dann wird der jeweilige Spielkontakt mit einer Linie gekennzeichnet. So entsteht eine Übersicht, die die Spielkontakte aller Kinder gleichzeitig dokumentiert. Bei dieser Variante kommen sehr schnell viele einzelne Daten zusammen. Daher eignet sie sich in erster Linie für kurze Beobachtungszeiträume (mehrere Stunden im Freispiel bis max. ein Tag). Eine andere Herangehensweise ist es, nur ein Kind in den Fokus zu stellen. Dafür wird der Name des betreffenden Kindes in die Mitte des Blattes gesetzt; alle anderen Namen werden darum herum verteilt. Die beobachtende Fachkraft dokumentiert nun die Spielkontakte dieses Kindes, jeweils mit Verbindungslinien zu den betreffenden Spielpartner*innen. Da bei dieser Variante nicht so schnell so viele Linien eingezeichnet werden müssen, können damit auch über einen längeren Zeitraum (etwa eine Woche) die Spielkontakte eines Kindes dokumentiert werden. Zusätzlich besteht hier die Möglichkeit, die Spielkontakte des Kindes nach Jungen und Mädchen sowie Altersstruktur sortiert sichtbar zu machen (s. Foto).

Bei der grafischen Darstellung von sozialen Beziehungen in Form eines Soziogramms können aber auch andere Aspekte in den Beobachtungsfokus rücken. So kann beispielsweise mithilfe von Pfeilrichtungen der/die jeweilige Initiator*in einer Aktion dargestellt werden. Durch verschiedenfarbige Pfeile können zudem unterschiedliche Aspekte der Kontaktaufnahme sichtbar gemacht werden (jeweils eine andersfarbige Linie für: Beziehungsaufnahme über verbalen Kontakt, über Körperkontakt, über Nachahmung usw.). Am Beispiel von Jona (s. Foto) zeigt sich, dass er innerhalb von einer Woche sowohl mit Mädchen als auch mit Jungen in seiner Gruppe spielte. Dabei bevorzugte er bei den Mädchen Sophie und Lena, bei den Jungen Eric, Ole und Lasse. In einem gemeinsamen Auswertungsgespräch sah er bei den Mädchen Sophie als beste Freundin an und auch Eric, Ole und Lasse möchte er zu seinem nächsten Geburtstag einladen.

5. Beobachtungsprotokolle

Wenn pädagogische Fachkräfte beobachtete Sequenzen detailliert schriftlich festhalten wollen, bietet sich ein Beobachtungsprotokoll an. Dafür wird zunächst die Ausgangslage bzw. der Kontext, in dem die Situation steht, kurz beschrieben („Julian sitzt neben Lisa im Atelier am Tisch"). Diese Beschreibung erleichtert es später auch Personen, die nicht

kindergarten heute - Das Fachmagazin

- Ist das marktführende Fachmagazin für Frühpädagogik
- Fundiertes Fachwissen und Methoden zu aktuellen Themen
- Sicherung und Weiterentwicklung der pädagogischen Qualität in Ihrer Einrichtung
- Anschauliche und authentische Praxisbeiträge aus dem Kita-Alltag

○ **Ja,** ich möchte *Das Fachmagazin* regelmäßig lesen. Ich erhalte 10 Ausgaben inkl. Digitalzugang im Jahr zum Preis von 68,50 € zzgl. 12,50 € Porto. (KGNPSP21)

○ Studierende erhalten den **Vorzugspreis** von 50,00 € zzgl. 12,50 € Porto. (KGVPSP21)

Kein Risiko! Das Abonnement ist jederzeit kündbar. Das Geld für nicht gelieferte Ausgaben wird Ihnen zurückerstattet.

Preise gültig bis 31.12.2022. Irrtum und Änderungen vorbehalten.

kindergarten heute - Das Leitungsheft

- **Wissen.** Fachwissen und Arbeitsmethoden für alle Leitungsaufgaben
- **Führen.** Stärkung Ihrer Position und Profilierung des Teams
- **Kooperieren.** Unterstützt Sie bei Prozessen und in Zusammenarbeit mit Eltern und Trägern

○ **Ja,** ich möchte *Das Leitungsheft* regelmäßig lesen. Ich erhalte 4 Ausgaben inkl. Digitalzugang im Jahr zum Preis von 46,80 € zzgl. 5,00 € Porto. (KLNPSP21)

○ **Ja,** ich bin AbonnentIn von *Das Fachmagazin* und möchte *Das Leitungsheft* zum **Vorzugspreis** von 38,00 € zzgl. 5,00 € Porto für 4 Ausgaben inkl. Digitalzugang abonnieren. (KLVPSP21)

Kein Risiko! Das Abonnement ist jederzeit kündbar. Das Geld für nicht gelieferte Ausgaben wird Ihnen zurückerstattet.

Preise gültig bis 31.12.2022. Irrtum und Änderungen vorbehalten.

kindergarten heute - Wenn Eltern Rat suchen

- **W**issen für die professionelle Elternberatung
- **E**rziehungsfragen – auf 8 Seiten kompetent beantwortet
- **R**atschläge und Impulse im praktischen Format
- **S**chritt für Schritt - gemeinsam Lösungen finden

○ **Ja,** ich möchte *Wenn Eltern Rat suchen* regelmäßig lesen. Ich erhalte 4 Ausgaben im Jahr zum Preis von 21,60 € zzgl. 3,80 € Porto. (KWNPSP)

○ **Ja,** ich bin AbonnentIn von *Das Fachmagazin* oder *Das Leitungsheft* und möchte *Wenn Eltern Rat suchen* zum **Vorzugspreis** von 19,80 € zzgl. 3,80 € Porto abonnieren. (KWVPSP)

Kein Risiko! Das Abonnement ist jederzeit kündbar. Das Geld für nicht gelieferte Ausgaben wird Ihnen zurückerstattet.

Preise gültig bis 31.12.2022. Irrtum und Änderungen vorbehalten.

Absender:

Vor- und Zuname

Straße

PLZ/Ort

(Auszubildende: Ausbildung endet ca. 20___)

☐ Ich wünsche einen Bankeinzug

Konto-Nr.   Bankleitzahl

Bankinstitut

☐ Ich überweise nach Erhalt der Rechnung

Datum   X Unterschrift

Bitte mit € 0,60 frankieren, falls Marke zur Hand.

Deutsche Post
ANTWORT

**Verlag Herder
KundenServiceCenter**

79080 Freiburg

------------------------✂------------------------

Absender:

Vor- und Zuname

Straße

PLZ/Ort

(Auszubildende: Ausbildung endet ca. 20___)

☐ Ich wünsche einen Bankeinzug

Konto-Nr.   Bankleitzahl

Bankinstitut

☐ Ich überweise nach Erhalt der Rechnung

Datum   X Unterschrift

Bitte mit € 0,60 frankieren, falls Marke zur Hand.

Deutsche Post
ANTWORT

**Verlag Herder
KundenServiceCenter**

79080 Freiburg

------------------------✂------------------------

Absender:

Vor- und Zuname

Straße

PLZ/Ort

(Auszubildende: Ausbildung endet ca. 20___)

☐ Ich wünsche einen Bankeinzug

Konto-Nr.   Bankleitzahl

Bankinstitut

☐ Ich überweise nach Erhalt der Rechnung

Datum   X Unterschrift

Bitte mit € 0,60 frankieren, falls Marke zur Hand.

Deutsche Post
ANTWORT

**Verlag Herder
KundenServiceCenter**

79080 Freiburg

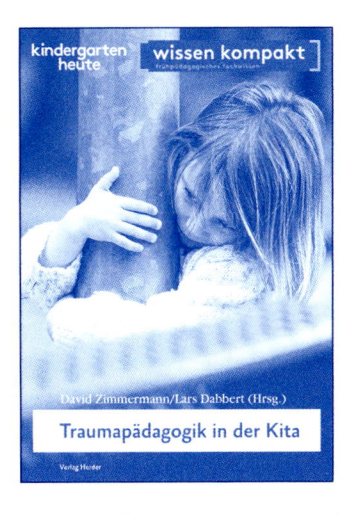

kindergarten heute - *wissen kompakt*

– Themenheft zu fachwissenschaftlichen Inhalten

Ja, senden Sie mir bitte zum Preis von jeweils
15,00 € (D) (zzgl. Porto)

___ Ex. **Traumapädagogik** (P003293)
___ Ex. **Schlüsselkompetenzen** (P003384)
___ Ex. **Hochbegabung** (P00 3277)
___ Ex. **Kinderängste** (P00 7922)
___ Ex. **Wie Kinder Denken** (P00 7971)
___ Ex. **Vom Säugling zum Schulkind** (P00 7724)
___ Ex. **Offene Arbeit in der Kita** (P00 6973)
___ Ex. **Wahrnehmungsstörungen** (P00 1800)
___ Ex. **Auffälliges Verhalten** (400 1749)
___ Ex. **Vielfalt und Inklusion** (400 1673)
___ Ex. **Das Spiel des Kindes** (400 1665)
___ Ex. **Kindeswohlgefährdung** (400 1533)
___ Ex. **Sprachentw. u. -förderung** (400 1384)
___ Ex. **Entwicklungsförd. d. Bewegung** (400 1178)
___ Ex. **Kinder unter 3** (400 1061)
___ Ex. **Beobachten und dokumentieren** (400 0923)

Ab 5 Exemplaren einer Ausgabe gelten unsere günstigen Mengenpreise.
Rufen Sie uns einfach an: 0761 / 2717 474.

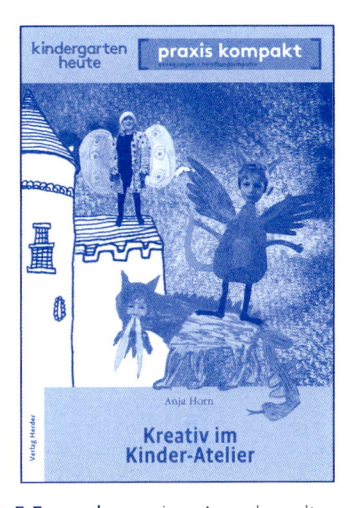

kindergarten heute - *praxis kompakt*

– Themenheft für den pädagogischen Alltag

Ja, senden Sie mir bitte zum Preis von jeweils
13,00 € (D) (zzgl. Porto)

___ Ex. **Kreativ im Kinder-Atelier** (P00 8557)
___ Ex. **PraktikantInnen anleiten** (P00 7989)
___ Ex. **Naturwissenschaften** (P00 7898)
___ Ex. **Eine Kita für alle** (P00 7914)
___ Ex. **Medienwerkstatt** (P00 7948)
___ Ex. **Mein Start in der Kita** (P00 7757)
___ Ex. **Wir kennen unsere Rechte!** (P00 6999)
___ Ex. **Schwierige Entwicklungsschritte** (P00 6908)
___ Ex. **Kinder bis drei J. in Krippe u. Kita** (P00 6965)
___ Ex. **Essen bildet!** (P00 6957)
___ Ex. **Kita-Kinder begegnen Tieren** (P00 6924)
___ Ex. **Schulkindbetreuung in der Kita** (400 5344)
___ Ex. **Beschwerdeverfahren f. Kinder** (400 5328)
___ Ex. **Raumgestaltung in der Kita** (400 6516)
___ Ex. **Nachhaltige Entwicklung** (400 4891)
___ Ex. **Partizipation in Kita und Krippe** (400 6581)

Ab 5 Exemplaren einer Ausgabe gelten unsere günstigen Mengenpreise.
Rufen Sie uns einfach an: 0761 / 2717 474.

kindergarten heute - *leiten kompakt*

– Themenheft zu Methoden und Organisation

Ja, senden Sie mir bitte zum Preis von jeweils
13,00 € (D) (zzgl. Porto)

___ Ex. **Konzeption weiterentwickeln** (P00 7856)
___ Ex. **Mit Freude & Erfolg eine Kita leiten** (P00 7740)
___ Ex. **Rund ums Geld in der Kita** (P00 7716)
___ Ex. **Teamentwicklung** (P00 6981)
___ Ex. **Gesprächsführung** (P00 3202)
___ Ex. **Ein Familienzentrum leiten** (400 2994)
___ Ex. **Teamsitzungen vorbereiten** (400 2986)
___ Ex. **Moderation/Teamarbeit** (400 2879)
___ Ex. **Beurteilungen & Zeugnisse** (400 2861)
___ Ex. **Die häufigsten Rechtsfragen** (400 2846)
___ Ex. **Veränderungsprozesse** (400 2853)
___ Ex. **Profilentwicklung** (400 2432)
___ Ex. **Personalführung und -entwicklung** (400 2465)
___ Ex. **Rechtsfragen aus dem Kita-Alltag** (400 2846)

Ab 5 Exemplaren einer Ausgabe gelten unsere günstigen Mengenpreise.
Rufen Sie uns einfach an: 0761 / 2717 474.

Meine Adresse:

_____
Vor- und Zuname

_____
Straße

_____
PLZ/Ort

_____
Telefon   E-Mail

_____
Datum   Unterschrift   KG-MBH2201

Infos unter: www.herder.de/kiga-heute/sonderhefte

Bitte mit € 0,60 frankieren, falls Marke zur Hand.

Deutsche Post
ANTWORT

**Verlag Herder
KundenServiceCenter**

79080 Freiburg

Meine Adresse:

_____
Vor- und Zuname

_____
Straße

_____
PLZ/Ort

_____
Telefon   E-Mail

_____
Datum   Unterschrift   KG-MBH2201

Infos unter: www.herder.de/kiga-heute/sonderhefte

Bitte mit € 0,60 frankieren, falls Marke zur Hand.

Deutsche Post
ANTWORT

**Verlag Herder
KundenServiceCenter**

79080 Freiburg

Meine Adresse:

_____
Vor- und Zuname

_____
Straße

_____
PLZ/Ort

_____
Telefon   E-Mail

_____
Datum   Unterschrift   KG-MBH2201

Infos unter: www.herder.de/kiga-heute/sonderhefte

Bitte mit € 0,60 frankieren, falls Marke zur Hand.

Deutsche Post
ANTWORT

**Verlag Herder
KundenServiceCenter**

79080 Freiburg

dabei waren, sich die Situation (wo, wann, mit wem, in welchem Zusammenhang …?) vorzustellen. Anschließend wird der Handlungsverlauf mit der (detaillierten) Beschreibung der Aktivitäten des Kindes ohne Wertung (!) aufgezeichnet. Dabei hat sich das Auflisten der einzelnen Handlungen des Kindes in „Halbsätzen" bewährt.

Praxisbeispiel
J. holt ein Blatt
setzt sich an den Tisch
rückt den Stuhl gerade
steht auf, holt sich eine Handvoll Glitzersteine
sortiert die Glitzersteine nach Farben
nimmt vier rote Steine
verteilt sie auf dem Blatt …

Aussagen des Kindes, nonverbale Mitteilungen oder Dialoge mit anderen werden möglichst mit aufgenommen. Ergänzt werden zum Schluss Datum, Uhrzeit und Namen der beobachtenden Fachkraft. Diese Methode bildet häufig die Grundlage für die Be(ob)achtungsbriefe.

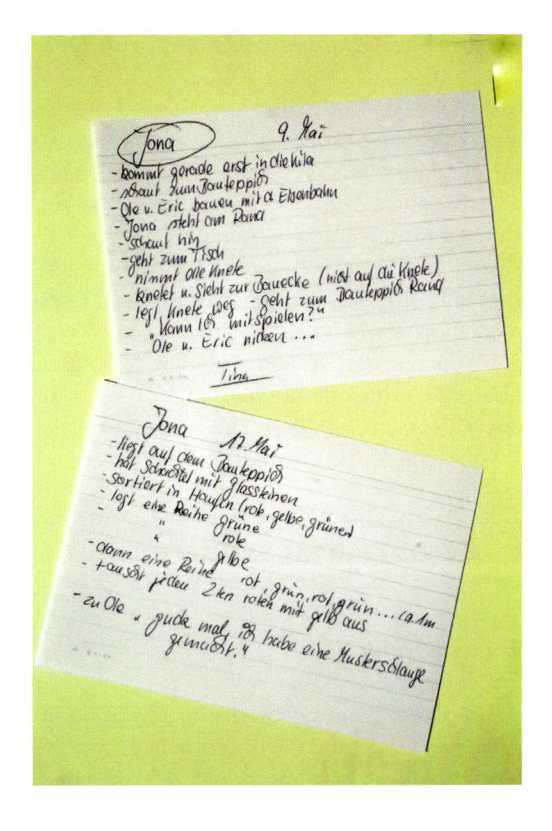

Stichwortartige Beobachtungsnotizen der Fachkraft zu Jonas Aktivitäten.

6. Zettelwirtschaft

Bei dieser Methode werden beobachtete Situationen, in wenigen Sätzen oder in Stichworten und mit Datum und Namen des Kindes versehen, auf Karteikarten (DIN A5 oder 6) notiert. Anschließend werden diese in einer dafür vorgesehenen Schachtel oder einem Karteikasten gesammelt. Nach einem vorher festgelegten Zeitraum (nicht länger als ein Monat, besser kürzere Zeitabstände) werden die Karten dann als Gesprächsgrundlage für den Austausch im Kleinteam oder auch für größere Teambesprechungen genutzt. Im Austausch mit den Kolleg*innen sind die Karten ein wertvoller Informationspool, um die weitere pädagogische Arbeit anhand der Interessen, Themen und Zugänge der Kinder zu planen und das eigene Verhalten zu reflektieren. Für die spätere Dokumentation können die Karten dann, nach Kindern und zeitlicher Abfolge sortiert, jeweils auf ein DIN-A4-Blatt geklebt werden. Die einzelnen „Zettelwirtschaft-Seiten" werden zu den sonstigen Notizen der Fachkräfte über die Kinder geheftet und bilden so beispielsweise die Grundlage für einen Be(ob)achtungsbrief. Wenn der Dialog mit den Kindern oder das gemeinsame Erstellen von Beobachtungsnotizen im Vordergrund stehen soll, ist die Be(ob)achtungsbox geeigneter.

7. Be(ob)achtungsbox

In einer Schachtel oder einem Karteikasten werden, genau wie bei der „Zettelwirtschaft", Beobachtungsnotizen von den Aktivitäten einzelner Kinder gesammelt. Bei der Be(ob)achtungsbox wird allerdings der Blick ausschließlich auf die Kompetenzen eines Kindes gerichtet: Was kann es gut? Bei welcher Tätigkeit ist es besonders engagiert? Wo hat es kompetent reagiert oder Herausforderungen standgehalten? Usw. Auch die Kinder können Be(ob)achtungskarten für sich selbst, für andere Kinder oder auch für Erwachsene „schreiben". Dafür ist es hilfreich, wenn gemeinsam mit den Kindern ein System gefunden wird, das ihnen das Einsortieren ihrer Beiträge ermöglicht. Dies kann zum Beispiel ein Register mit dem Foto des jeweiligen Kindes als erstem Blatt sein. Als Beobachtungszeitraum hat sich in der Praxis ein zwei- bis

Beobachtungsnotizen können in einem Karteikasten gesammelt werden.

vierwöchiges Zeitfenster bewährt. Am Ende dieses Beobachtungszeitraums werden alle Karten ausgeschüttet und sowohl im Team als auch mit dem jeweiligen Kind durchgesehen. Im gemeinsamen Gespräch über das Beobachtete „übersetzen" die Kinder ihre gemalten Notizen für die Erwachsenen und die Erwachsenen berichten von ihren Beobachtungen. Diese Form der stärkenorientierten Dokumentation kindlicher Aktivitäten eignet sich gut, um mit den Kindern in den Austausch über ihre Fähigkeiten einzusteigen. Auch für das Gespräch mit den Eltern hat sich die Be(ob)achtungsbox als hilfreich erwiesen.

8. Be(ob)achtungsbriefe

Praxisbeispiel
Lieber JONA,
ich durfte dir heute dabei zusehen, wie du im Atelier ein Bild für deinen Opa gemalt und gebastelt hast. Du hast mir erzählt, dass dein Opa bald Geburtstag hat und du ihm das Bild schenken möchtest. „Das muss hinterher gaaaanz schön aussehen", hast du gesagt.

Zuerst hast du dir viele Glitzersteine und Filzstifte ausgesucht, sie sortiert und neben das Blatt gelegt. Dann hast du angefangen, das Bild zu gestalten, und in die Mitte des Blattes einen grünen Punkt gemalt. Danach wolltest du vier rote Glitzersteine aufkleben. Dafür hast du dir den Kleber aus dem Regal geholt. Weil der Kleber ganz fest zu war, hast du mich gefragt, ob ich dir die Flasche aufschrauben kann. Nachdem der erste Stein unten auf dem Blatt klebte, hast du sehr sorgfältig die anderen Steine auf dem Blatt verteilt. Bei jedem Stein hast du genau überlegt, wohin er geklebt werden soll. Als du mit allen Steinen fertig warst, hast du einen Augenblick Pause gemacht und gesagt: „So ist das gut."

Hinterher hast du mir erzählt, dass du erst einmal überlegen musstest, was du jetzt noch machen wolltest. Nach der Pause hast du angefangen, die Steine mit Strichen in deiner Lieblingsfarbe Grün zu verbinden. Auch dabei warst du ganz sorgfältig und hast aufgepasst, die Steine genau zu treffen. Danach hast du aus der Dose mit den Buchstaben zwei Ms und zwei Js herausgesucht und sie auf das Papier geklebt. Dann hast du mich gefragt, ob ich das Bild fotografieren kann. Dabei hast du mir erklärt, dass die Js für Jona stehen und die Ms für deinen zweiten Namen. Am nächsten Tag hast du mir erzählt, dass du noch weiter an deinem Bild gemalt hast. Als es richtig fertig war, durfte ich es noch einmal fotografieren.

Vielen Dank, dass ich dir beim Malen und Gestalten zusehen durfte. Ich finde, du hast dir mit dem Bild für deinen Opa richtig viel Mühe gemacht. Es ist wirklich sehr schön geworden. Beim Zusehen habe ich gestaunt, was du für gute Ideen hattest, um dieses besondere Geschenk für deinen Opa zu machen.

Deine Dörthe (17. Juni 2022)

Praxisbeispiel
Lieber JESSE,
heute durfte ich dich beobachten, als du zusammen mit Tina, Mika und Eric in der Küche Obstsalat geschnippelt hast. Als ihr schon fast fertig wart, hattest du eine interessante Frage: „Wie wird denn aus so einem Apfel Apfelsaft?" Und auf diese Frage hattest du auch gleich eine Antwort: „Wenn man den Apfel heiß macht, dann schmilzt er und ist dann Apfelsaft. Das ist wie mit dem Eis in der Sonne." Als Tina dich gefragt hat, ob du das ausprobieren möchtest, hast du gleich alle Materialien, die du brauchtest, geholt: ein Glas, auf das du den Apfel setzen wolltest, eine Schüssel und einen Föhn zum Heiß-

Be(ob)achtungsbriefe beschreiben die Selbstbildungsprozesse der Kinder.

machen. Äpfel waren ja noch vom Obstsalat übrig. Dann hast du den Apfel geföhnt. Mika wollte zwischendurch auch mal föhnen. Als er dich gefragt hat, hast du gesagt: „Für einen Moment darfst du", und hast ihm den Föhn gegeben. Als der Apfel ganz heiß war, habt ihr ihn zusammen wie Wissenschaftler befühlt und genau untersucht. Dabei hast du zu Eric gesagt: „Fass mal an, der ist ganz heiß, aber gar nicht wie Saft." Und: „Da wird er ganz braun." Mit den anderen Kindern hast du dann überlegt, was ihr noch tun könntet, um den Apfel schmelzen zu lassen. Mika ist dabei auf die Idee gekommen, ihn ganz klein zu schneiden und dann noch mal zu föhnen. Das wolltet ihr ausprobieren. Du hast viele kleine Stücke geschnitten und mir hinterher erzählt, dass das ganz schön schwierig war. Den klein geschnittenen Apfel habt ihr auch wieder ganz heiß geföhnt und dabei beobachtet, dass er ein bisschen trocken geworden ist. Hinterher, beim Aufschreiben der Geschichte, hast du mir erzählt: „Das war blöd, weil das nicht flüssig geworden ist." Und dann hattest du noch die Idee, deine Oma zu fragen, wie sie Apfelsaft gemacht hat. „Die kann das nämlich!", hast du gesagt.

Ich fand das ganz toll, dass du so mutig warst und deine Idee ausprobiert hast. Auch bei den Äpfeln hast du nicht aufgegeben, obwohl sie schwierig zu schneiden waren. Schön fand ich auch, dass die anderen Kinder mitmachen durften und du Mika sogar den Föhn gegeben hast. Vielen Dank, dass ich dir dabei zusehen durfte.

Deine Dana (5. Juli 2022)

Briefe an die Kinder haben in vielen Kitas Tradition. Beispielsweise beim Verlassen der Kita oder bei einem Gruppenwechsel schreiben pädagogische Fachkräfte an Kinder. „Lieber Lasse, du warst jetzt drei Jahre in unserer Gruppe. In der ersten Zeit hast du fast immer auf dem Bauteppich gespielt …" So oder so ähnlich fassen diese Briefe die Entwicklung, die ein Kind genommen hat, aus Erwachsenensicht zusammen. Die Bildungs- und Lerngeschichten von Margaret Carr, die vom Deutschen Jugendinstitut für die deutsche Kita-Praxis adaptiert wurden, haben diese Form der Bildungsgeschichten oder -briefe aufgegriffen und in einen Kontext von strukturierter Beobachtung und Austausch mit Kolleg*innen, Eltern und den Kindern gebracht (vgl. Leu u. a. 2007). In Anlehnung an dieses Verfahren lassen sich einzelne Beobachtungen oder auch Ergebnisse von längerfristigen Beobachtungen in Be(ob)achtungsbriefen zusammenfassen. Die Beobachtungsergebnisse der Erwachsenen werden durch diese „Übersetzung" für die Kinder transparent und nachvollziehbar.

> **Hinweise zum Verfassen von Be(ob)achtungsbriefen**
> 1. Anrede (Liebe/Lieber …, Hallo …)
> 2. Kurze Beschreibung der Ausgangssituation bzw. des Kontextes („Heute durfte ich dich beobachten, als du zusammen mit Tina, Mika und Eric in der Küche Obstsalat geschnippelt hast").
> 3. Beobachtung beschreiben: Es geht um eine positive, wertschätzende Beschreibung. Die Handlungsabläufe können zusammengefasst werden. Es ist aber wichtig, das Gesehene so konkret wie möglich zu beschreiben. Dabei ist ein Brief an ein 3-jähriges Kind einfacher und kürzer formuliert als der an ein 6-jähriges. Dialoge sollen mit aufgenommen werden, ebenso wie die Äußerungen, die nach der Situation im Austausch mit dem Kind gemacht werden („Du hast viele kleine Stücke geschnitten und mir hinterher erzählt, dass das ganz schön schwierig war").
> 4. Persönliches Statement oder persönliche Einschätzung der beobachtenden Fachkraft: Dabei ist es wichtig, so konkret wie möglich am Beispiel zu bleiben und Verallgemeinerungen zu vermeiden („Ich fand das ganz toll, dass du so mutig warst und deine Idee ausprobiert hast. Auch bei den Äpfeln hast du nicht aufgegeben, obwohl sie schwierig zu schneiden waren").
> 5. Unterschrift der Verfasserin/des Verfassers, Datum und ggf. Uhrzeit
>
> Die Briefe können auch durch Fotos und/oder Zeichnungen ergänzt werden. Manchmal verdeutlichen diese die Situation und erleichtern es den Kindern, die Briefe zu „lesen". Damit das Kind seinen Namen entziffern kann, ist es sinnvoll, diesen in Großbuchstaben zu schreiben.

9. Gesprächsprotokolle

Der intensive Austausch mit Kindern hat für die pädagogische Arbeit eine große Bedeutung, weil er Einblick in das Denken und Fühlen der Kinder gibt und damit die Beobachtungen der Fachkräfte ergänzt. Er ist als wirklicher Dialog für alle Beteiligten eine wertvolle Bildungsgelegenheit, die es festzuhalten lohnt. Wenn ein Dialog an den Interessen des Kindes ansetzt und zwischen den Gesprächspartner*innen eine Atmosphäre der gegenseitigen Akzeptanz und Wertschätzung sowie des Vertrauens herrscht, kann solch ein intensiver gedanklicher Austausch zwischen Kindern und Erwachsenen entstehen (vgl. Weltzien 2010, S. 8ff.). Der Dialog kann mithilfe eines Gesprächsprotokolls festgehalten werden.

Praxisbeispiel
Lieber JONA,
beim Bilderbuchanschauen haben wir uns heute über das In-Urlaub-Fahren und unseren nächsten Ausflug unterhalten. Hinterher habe ich dich gefragt, ob ich unser Gespräch aufschreiben darf, und du hast es mir erlaubt. Im Bilderbuch war eine Familie zu sehen, die in Urlaub gefahren ist. Als wir uns das zusammen angesehen haben, hast du mir erzählt, dass du auch schon mal im Urlaub warst, auf Mallorca. Du hast gesagt, dass es da ganz schön war und dass du da gerne wieder hinfahren willst. Ich habe dann erzählt, dass wir ja auch bald mit der Gruppe wegfahren und dass das auch ein bisschen wie Urlaub ist. Da bist du erst einmal einen Augenblick ganz still geworden. Dann hast du gefragt: „Wie lange sind wir da?" Ich habe geantwortet: „Drei Tage." Du wolltest wissen: „Wie viel mal schlafen?" Ich habe geantwortet: „Zweimal." Da bist du ganz traurig geworden und hast gesagt, dass du gar nicht weißt, wie lange das ist. Wir haben dann zusammen überlegt, wie wir das „Wie lange" aufmalen könnten. Dabei hattest du die Idee, dass ich für jedes Mal Schlafen ein Bett malen soll. Das habe ich gemacht und dann habe ich noch für die Tage eine Sonne gemalt. Für den Tag, an dem wir losfahren, eine Sonne, für den Tag, an dem wir da sind, eine und für den Tag, an dem wir zurückfahren, auch eine. Das Bild hast du dann gleich in dein Fach gelegt. Ich finde, wir hatten zusammen eine richtig gute Idee.

Deine Michaela

10. Gruppendokumentationen

Beim Dokumentieren muss es nicht immer um ein einzelnes Kind gehen, auch Gruppenprozesse können in den Blick genommen werden. Hier steht das Festhalten von gemeinsamem Handeln und gemeinsamen Erlebnissen im Vordergrund. Die Dokumentation ermöglicht es Kindern, sich untereinander und mit Fachkräften über den Prozess und das Erlebnis auszutauschen und Schlüsse daraus zu ziehen. Für digital verarbeitete und gespeicherte Fotos oder Videos gilt dabei, dass die Fotorechte von Kindern und Fachkräften berücksichtigt werden müssen. Wenn möglich sollte vermieden werden, dass einzelne Kinder bei Gruppendokumentationen erkennbar sind, wenn die Fotos/Videos später allen Familien einer Gruppe zugänglich gemacht werden sollen.

Tagesordnungspunkte für Gesprächsrunden sammeln
Im Gruppenalltag mit seinen vielfältigen Aktionen und Ansprüchen gerät leicht etwas in Vergessenheit oder wird nicht ausreichend gewürdigt. „Was wollten wir noch mal in der nächsten Gruppenbesprechung besprechen?" – „Letzte Woche wollten die großen Mädchen doch unbedingt noch was klären. Was war das noch mal?" Digitale Medien wie Smartphone oder Tablet können dabei helfen, sich zu erinnern oder Prozesse sichtbar und nachvollziehbar für Kinder und Erwachsene zu machen.

Praxisbeispiel
Die Kinder aus Emmas Gruppe nutzen gemeinsam mit den Fachkräften die App BookCreator als Notiz-App, um Erinnerungen aufzusprechen sowie zum Sammeln von gemalten oder fotografierten Tagesordnungspunkten. Die Kinder haben so die Möglichkeit, auch ohne Schriftsprache selbsttätig Nachrichten an andere zu übermitteln oder als Erinnerung aufzuzeichnen. „Es ist echt eine Hilfe, dass wir den Kindern sagen können: ‚Deine Idee kannst du doch gleich aufsprechen, dann vergessen wir sie in der nächsten Montagsbesprechung nicht.' Ich finde es toll, dass die Kinder das selber ohne Erwachsene machen können."

Beschlüsse nachvollziehbar machen
Praxisbeispiel
„So, ihr wollt also in diesem Jahr einen Weihnachtsbaum in unserer Gruppe haben, den ihr dann selbst schmücken möchtet ..." Diesen Beschluss haben die Kinder der gelben Gruppe gerade gefällt. Um dies festzuhalten, wurde die Entscheidung von der moderierenden Fachkraft auf einem Flipchart-Blatt aufgezeichnet und der Prozess von einer anderen Fachkraft gefilmt und fotografiert. Als der von den Kindern fertig geschmückte Tannenbaum bereits im Gruppenraum stand, war es für Kinder und Fachkräfte spannend, sich den Prozess – von der Ideensammlung über die Abstimmung bis zur Fertig-

Praxistipp
Der digitale Bilderrahmen
Von Kindern oder Fachkräften aufgenommene Fotos aus dem Kita-Alltag oder von Ausflügen und anderen Highlights können in einem digitalen Bilderrahmen ohne viel Aufwand immer wieder erneuert werden. Sie sind eine Erinnerungsmöglichkeit für die Kinder und in der Abholzeit eine zusätzliche Informationsquelle für Eltern.

stellung – noch einmal anzusehen. Mit einem Beamer wurden die Fotos und kleinen Filmsequenzen gemeinsam angeschaut und besprochen. Dabei wurde für die Kinder noch einmal deutlich, wie sie es geschafft hatten, aus ganz unterschiedlichen Ideen ein gemeinsames Projekt entstehen zu lassen. „Das haben wir alle zusammen gemacht ...", war die staunende Zusammenfassung eines der Kinder.

Praxistipp
Gemeinsame Aktivitäten mithilfe einer App dokumentieren
Ausflüge, Feste, Projekte oder andere gemeinsame Aktivitäten können auch von den Kindern selbst fotografisch oder in kleinen Videos dokumentiert und zum Beispiel mithilfe der App Book-Creator in einem digitalen Fotoalbum festgehalten werden.

Analoge Wanddokumentationen
Eine weitere Möglichkeit der Gruppendokumentationen sind „sprechende Wände".

Praxisbeispiel
„So weit sind wir schon. Gestern haben wir abgestimmt. Bald fangen die draußen auf dem Spielplatz an, alles neu zu bauen." Ahmet und Meshut orientieren sich gerade an der Wanddokumentation. Darauf ist der aktuelle Stand des Partizipationsprojekts zur Gestaltung des Außengeländes anhand eines Zeitstrahls sichtbar gemacht. Alle Schritte, die bisher erledigt wurden, sind genauso wie die zukünftigen Planungsschritte mit Fotos und Zeichnungen dokumentiert. „Und guck mal, da bin ich. Ich gebe den Kindern die Stimmsteine." Ahmet zeigt auf ein neues Foto auf der Bilderwand, auf dem er zu sehen ist, wie er tags zuvor die Muggelsteine für die Abstimmung ausgeteilt hat.

Der Begriff der sprechenden Wände stammt ursprünglich aus der Reggio-Pädagogik, wo er die gemeinsame Dokumentation von Projektergebnissen mit den Kindern beschreibt. Sie lassen sich jedoch auch zu Beobachtungs- und Dokumentationszwecken vielfältig nutzen:

- **Zur Darstellung von Erlebnissen der Gruppe oder eines Teils der Gruppe:** So können Ausflüge oder Feste gemeinsam mit den Kindern anhand von Fotos oder Zeichnungen dokumentiert werden. Der Blickwinkel der Kinder wird so für alle Beteiligten sichtbar gemacht.
- **Für Gruppendarstellungen:** Anders als beim Steckbrief liegt das Augenmerk nicht auf dem Individuum, sondern auf dem „Wir als Gruppe". In der Kita Regenkamp in Herne kamen die Kinder beispielsweise auf die Idee, einen großen Bilderrahmen nur mit Fotos ihrer Augen zu gestalten (s. Foto). Während eines Elternabends nutzten die Erzieherinnen diese Wand, um die Eltern einzuladen, die Augen ihrer Kinder wiederzuentdecken.

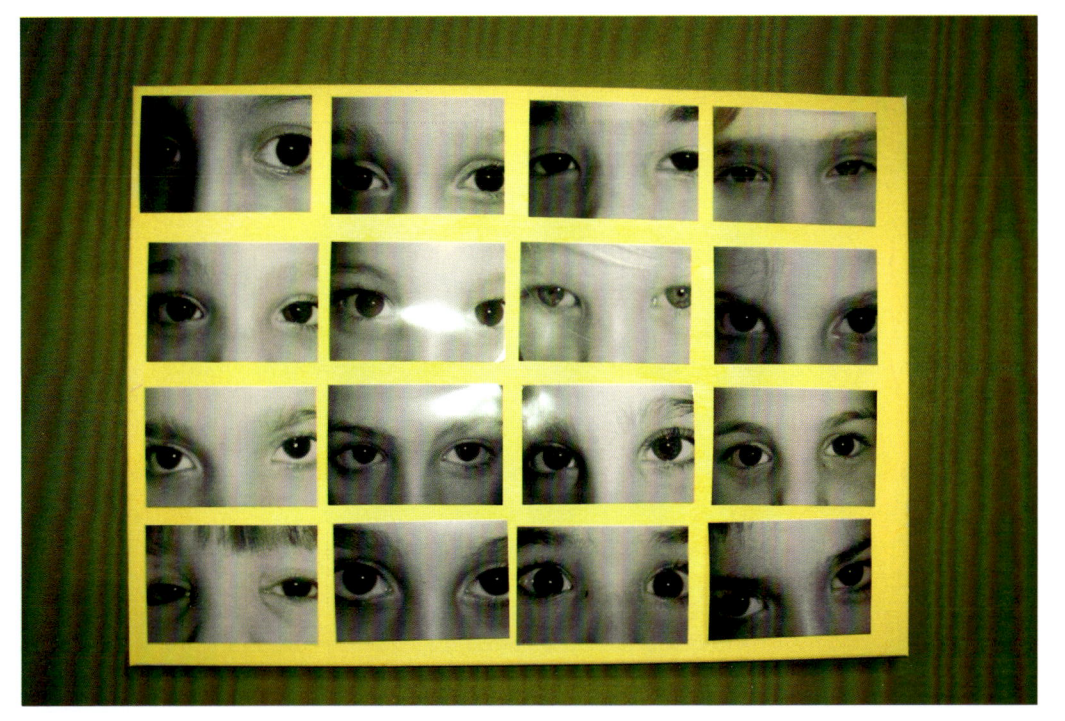

Das sind unsere Augen – „sprechende Wände" zeigen, was den Kindern wichtig ist.

- **Zur Darstellung der Familien der Kinder:** Diese Familienwände bieten den Kindern die Möglichkeit, ein Stück ihrer Familie, ihres häuslichen Umfelds mit in die Kita zu bringen. Dabei entscheidet das Kind selbst darüber, welche Fotos oder Zeichnungen so bedeutsam sind, dass sie aufgehängt werden. Manchmal kommt so auch ein Meerschweinchen oder Kuscheltier als Familienmitglied mit dazu. Gerade in der Eingewöhnungszeit haben Familienwände für die Kinder besondere Bedeutung.

Die Wanddokumentationen werden in einigen Einrichtungen von pädagogischen Fachkräften und Kindern abfotografiert und in ein Gruppentagebuch geklebt. Dieses Tagebuch, das offen und für alle zugänglich im Gruppenraum liegt, wird von allen Beteiligten gerne zum Anlass für gemeinsames Sich-Erinnern und für Gespräche genutzt. Eine abfotografierte Wanddokumentation kann auf Wunsch der Kinder auch in den individuellen Portfolio-Ordnern aufbewahrt werden.

Dokumentieren mit digitalen Audio-Foto-Wänden

Digitale Audio-Foto-Wände verbinden analoge Fotos mit Sprachaufnahmen. Bei der Vorbesprechung überlegen Kinder meist sehr genau, welche Informationen sie in der vorgegebenen Zeit (ca. 30 Sekunden) weitergeben möchten. Gleichzeitig achten sie beim Aufnehmen oft sehr genau auf ihre Aussprache und überprüfen, ob sie gut verständlich formulieren. Zum Teil wiederholen die Kinder ihre Aufnahmen mehrfach, bis sie endlich mit dem Ergebnis zufrieden sind.

Praxisbeispiel

Nach dem Besuch bei der Feuerwehr wählten die Kinder gemeinsam die bedeutsamsten Fotos aus und nahmen für jedes einzelne Bild der digitalen Bilderwand einen Text auf. Neben der Beschreibung von technischen Geräten gaben sie auch sehr eindrücklich die gehörten Verhaltenstipps im Falle eines Feuers weiter.

Materialtipp

- **Interaktiva – die sprechende Wand:** Interaktive Wand mit 30 transparenten Taschen, zu jeder Tasche können 30 Sekunden Audio aufgenommen werden. Durch Drücken der kleinen Taste an der jeweiligen Tasche wird die entsprechende Aufnahme abgespielt. Die jeweiligen Aufnahmen sind endlos überspielbar (www.inklusiv-shop.ariadne.de).
- **Voxa Sprach-Bilderrahmen:** In diesen sprechenden „Bilderrahmen" können ganz einfach bis zu sechs verschiedene Zeichnungen, Piktogramme oder Fotos eingesetzt werden. Zu jedem Bild können dann bis zu 10 Sekunden Text aufgesprochen werden. Ein einfacher Druck auf das Bild genügt und die Botschaft wird wiedergegeben (www.inklusiv-shop.ariadne.de).

„Das sind meine Lieblingshelden!"

IV. Kinder dokumentieren ihre Bildungsprozesse

1. Voraussetzungen

Nicht nur Erwachsene können Bildungsprozesse und Lernwege von Kindern beobachten und dokumentieren; Kinder können dies auch für sich selbst tun. Sie können ihre Interessen und Zugangswege sowie ihre eigenen Entwicklungsschritte in den Blick nehmen. Mit ihren Dokumenten und Werken oder auch mit von Erwachsenen angeregten Methoden (z. B. Könnerseiten, Lernsterne, Foto- und Bildergeschichten oder digitale Formen) drücken die Kinder ihre aktuellen Themen und Interessen aus. Wenn sie ihre eigenen Blickwinkel dokumentieren, ermöglicht dies den pädagogischen Fachkräften Einblicke in das individuelle Denken und Erleben der Kinder und ergänzt so ihre eigenen Beobachtungen. Die Dokumentationen von Kindern bieten eine Vielzahl von Anknüpfungspunkten für die tägliche Arbeit und gleichzeitig die Möglichkeit, das pädagogische Vorgehen zu reflektieren.

Digitale Wege erweitern auch für die Kinder das Spektrum. Sie ermöglichen es, Dokumentationen als bewegte Bilder darzustellen oder hörbar zu machen. Da es bei den Dokumentationen der Kinder immer um ganz individuelle Themen und Prozesse geht, lassen sich die Methoden dafür nicht ausschließlich von Erwachsenen vorgeben. Vielmehr muss es darum gehen, die Kinder mit dieser Form der Selbstbeobachtung vertraut zu machen und mit ihnen gemeinsam ihre eigenen Ideen umzusetzen. Die in diesem Kapitel vorgestellten Methoden sollen dazu anregen.

Das eigene Wissen und Können reflektieren
Für das einzelne Kind bedeutet der Blick auf sich selbst immer auch, über das eigene Wissen und Können nachzudenken. Dieses Nachdenken ermöglicht es, die eigenen Aneignungsmethoden und Zugangswege immer besser kennenzulernen und bewusster damit umzugehen:

- Strategien planen: „Wenn ich in die Kita komme, gehe ich als Erstes in die Turnhalle. Da kann ich erst mit den anderen toben und dann in die Gruppe gehen."
- Das eigene Wissen kennen: „Ich weiß fast alles über die Polizei!"
- Potenziale und Grenzen erkennen: „Seilspringen kann ich ganz schnell lernen, Schleifebinden kann Lara besser."
- Zusammenhänge erkennen: „Die Blumen wachsen, wenn sie Wasser kriegen und die Sonne draufscheint."
- Sich bei der Lösung von Problemen selbst beobachten und neue Wege ausprobieren: „Immer wenn ich nicht weiß, wie viel das ist, dann male ich es jetzt auf. Für jeden eins."

Diese lernmethodischen Kompetenzen sind zentrale Fähigkeiten, die die Kinder ein Leben lang begleiten. Sie ermöglichen es dem einzelnen Kind, den Einfluss, den es auf sein Lernen hat, wahrzunehmen und sich selbst als kompetent und handlungsfähig zu erleben.

Aufgaben der Fachkräfte
Eine wesentliche Grundlage dafür, dass Kinder sich selbst und ihre Bildungs- und Lernprozesse beobachten können, ist eine vorbereitete Umgebung. Um nicht auf die Hilfe der Erwachsenen angewiesen zu sein und Dokumentationen wie Könnerseiten, Lernsterne, Foto- oder Bildergeschichten selbstständig erstellen zu können, ist es notwendig, dass die Kinder die benötigten Materialien jederzeit nutzen können. Aufgabe der pädagogischen Fachkräfte ist es, sicherzustellen, dass genügend Material wie Papier, Kleber, Schere, Stifte an einem festen Ort zur Verfügung stehen. Beispielsweise kann ein Regal am Maltisch, an dem die Dokumentationen angefertigt werden, alle erforderlichen Materialien enthalten. Zur besseren Orientierung ist der Standort jedes Gegenstands mit einem kleinen Foto auf dem Regalboden gekennzeichnet. Darüber hinaus haben die Fachkräfte die Aufgabe, die Prozesse und Ideen der Kinder aufzunehmen und deren Verwirklichung zu ermöglichen. Zudem können sie Impulse geben (z. B. indem sie einen Handabdruck von sich selbst machen) und so die Kinder anregen, eigene nächste Schritte zu gehen. Wenig hilfreich sind dagegen vorab erstellte Kopiervorlagen, die von allen Kindern „abgearbeitet" werden sollen, ohne sich auf eine aktuelle Situation bzw. die aktuellen Interessen der Kinder zu beziehen. Um ihre eigenen Bildungsprozesse in den Blick zu nehmen, brauchen Kinder zudem Erwachsene, die sich interessiert und mit einer fragenden Haltung auf die Dokumentationen, Sichtweisen und Themen der Kinder einlassen, Zutrauen und Vertrauen in die Kinder mitbringen sowie die Bereitschaft, sich mit ihrem „Erwachsenenwissen" zurückzuhalten.

2. Soziogramme

Praxisbeispiel
„Schau mal, ich habe Fotos aufgeklebt von allen, die meine Freunde sind!" Der 5-jährige Mohamed zeigt seiner Erzieherin zufrieden sein Machwerk. Auf einem DIN-A4-Blatt hat er von fast allen Kindern aus der Gruppe ein Foto aufgeklebt. Die pädagogische Fachkraft nutzt diese Selbsteinschätzung von Mohamed, um sich von ihm erklären zu lassen, wen er als Freund*in ansieht und wen er aus welchen Gründen nicht so gerne mag.

Auch Kinder können ihre eigenen Soziogramme erstellen. Dabei geht es nicht zwingend um eine weitestgehend objektive Bestandsaufnahme, sondern viel eher um die Selbstwahrnehmung und Selbsteinschätzung eines Kindes.

Praxisbeispiel
Emilia hat Fotos aufgeklebt von den Kindern aus der Gruppe, mit denen sie aus ihrer Sicht am meisten spielt. Für die pädagogische Fachkraft gibt es dabei einige Überraschungen, weil Emilia auch Fotos von zwei Mädchen aufgeklebt

---

Literaturtipp

Lepold, M./Lill, T. (2021): Dialogisches Portfolio. Alltagsintegrierte Entwicklungsdokumentation. 2. Auflage, Freiburg: Herder.

Roboom, S. (2019): Medienwerkstatt für Kita und Schulkindbetreuung. kindergarten heute – praxis kompakt. Freiburg: Herder.

hat, mit denen sie nicht so viel Zeit verbringt. Als sie sich von Emilia ihr Soziogramm vorstellen lässt, stellt sie fest, dass Emilia ganz intensive Spielerlebnisse mit diesen beiden Mädchen schildern kann. Sie hat also dabei nicht die quantitative Zeit in ihr Soziogramm eingebaut, sondern eher die qualitative.

Soziogramme der Kinder ermöglichen manchmal auch, Gefühlslagen zu thematisieren.

Praxisbeispiel
Elias hat mühsam ein Foto von seinem Soziogramm „Wer sind alles meine Freunde?" entfernt. Er hatte Streit mit einem Freund und wollte ihn deshalb nicht mehr auf dem kurz zuvor erstellten Soziogramm sehen. Das Soziogramm konnte von der Fachkraft somit für ihre pädagogische Arbeit genutzt werden.

Die Soziogramme der Kinder können auch digital erarbeitet werden. So können Fotos mit den entsprechenden Programmen auf dem Bildschirm hin- und hergeschoben und digital abgespeichert werden. Auch die Möglichkeit des zusätzlichen Ausdrucks ist gegeben. Es gibt auch die Möglichkeit, digital erstellte Soziogramme mit Tonaufnahmen (Erklärungen des Kindes) zu versehen.

3. Steckbriefseiten

Praxisbeispiel
„Guck mal, so sehe ich aus. Das sind meine Augen, das ist mein Mund und das ist meine Nase. Meine Haare sind in echt aber anders." Rike ist mit ihrem Selbstbildnis mehr als zufrieden. Sie hat eine lange Zeit vor dem Spiegel verbracht, um ihr Gesicht genau zu studieren und zu zeichnen. Gemeinsam mit ihrer Freundin Sheeza hat sie dabei versucht, sowohl Unterschiede als auch Gemeinsamkeiten ihrer jeweiligen Gesichter herauszufinden. Auf die Idee ist Rike gekommen, als sie zusammen mit Sheeza in den Spiegel schaute. Beide versuchten, die andere nachzumachen, und stellten fest, dass zwar die gleichen Grimassen geschnitten werden können, die Gesichter aber trotzdem immer irgendwie anders aussehen. „Schau mal, ich kann meine Zunge so hochklappen, Sheeza nicht. Sheeza kann aber dafür die Ohren bewegen, ohne anfassen." Bei der gegenseitigen Betrachtung gehen sie immer weiter ins Detail: Augenfarbe, Farbe der Augenbrauen, aber auch der Abstand der Augenbrauen zueinander werden genau untersucht.

Diese Selbstporträts können – neben anderen Seiten, die den Körper des Kindes oder seine körperliche Entwicklung in den Mittelpunkt stellen – Aspekte für Steckbriefseiten sein. Kinder haben bei der Erstellung die Möglichkeit, ihre äußerlichen Merkmale genauer kennenzulernen und dabei Unterschiede und Gemeinsamkeiten festzustellen. Dies kann ihnen helfen, sich bewusster wahrzunehmen und ein positives Selbstbild zu entwickeln.

Analoge Umsetzungsideen
- Selbstporträts: z. B. mithilfe eines Spiegels.
- Gegenseitige Porträts: Eine (Plexi-)Glasscheibe wird auf einen Ständer montiert. Zwei Kinder sitzen einander gegenüber, die Scheibe steht zwischen ihnen. Ein Kind bringt sein Gesicht direkt an die Glasscheibe, das andere malt es mit Fingerfarbe nach. Auf die noch feuchte Farbe wird dann ein Blatt Papier gedrückt und so ein Abdruck

„Eine Steckbriefseite mit allem, was an mir besonders ist und was ich an mir mag!"

gemacht. Wenn die Fingerfarbe schon angetrocknet ist, kann eine Lichtquelle hinter der Glasscheibe platziert und das Bild auf ein Blatt Papier durchgepaust werden.
- **Körperteile umzeichnen:** Der ganze Körper eines Kindes oder einzelne Körperteile wie beispielsweise die Hände oder Füße werden umzeichnet.
- **Hand-, Fuß- und andere Abdrücke:** Die Kinder können von verschiedenen Körperteilen (z. B. Nase, Ohr, Ellenbogen, Knie, Po) einen Abdruck machen.
- **Fotoporträts und Detailaufnahmen:** Hierfür können sich die Kinder gegenseitig fotografieren. Beim Fotografieren nehmen sie alle Besonderheiten und Unterschiede genau in den Blick: Frisuren, Ohren, Zähne und Zahnlücken, aber auch die Zehen und Zehenzwischenräume werden untersucht und fotografiert.
- **Längenwachstum beobachten:** Mithilfe einer Schnur messen die Kinder sich (gegenseitig). Die Schnur kann – in einer Klarsichthülle verwahrt und mit dem aktuellen Datum versehen – quasi mitwachsen, indem die Kinder, immer wenn sie sich nach einiger Zeit neu messen, ein neues Stück Schnur anknoten.

4. Könnerseiten

Praxisbeispiel
„Sabine, guck mal, wo ich bin, ich bin nämlich schon ganz oben. Kannst du mal kommen und fotografieren, aber schnell, ich falle gleich runter!" Der knapp 5-jährige Paul ruft über das gesamte Außengelände nach seiner Erzieherin. Zum ersten Mal hat er es geschafft, den großen Baum zu erklettern. Das will er unbedingt festgehalten wissen. Die Fachkraft eilt mit der Kamera herbei, kommt jedoch nicht mehr rechtzeitig. „Jetzt bin ich schon unten. Warum bist du denn nicht gekommen?!", beschwert sich Paul zunächst. Dann beschließt er, den Baum erneut zu besteigen. „Du musst aber hierbleiben und ich sag dann, wenn du ein Foto machen kannst!" So kann das Kletterfoto kurze Zeit später doch noch geknipst werden. Nach dem Ausdrucken zeigt Paul das Bild stolz den anderen Kindern. Mit den Worten „Ich kann jetzt auch auf den großen Baum", präsentiert er den Beweis. Später klebt er das Foto auf einen Zettel, heftet die Könnerseite in seine Bildungsdokumentation und bittet Sabine, noch dazuzuschreiben, dass er heute auf den Baum geklettert ist und dass erst beim zweiten Mal fotografiert wurde. „Das kann ich schon alles", stellt er mit einem breiten Grinsen fest, als er die anderen Könnerseiten gemeinsam mit seinen Freunden durchsieht.

Auf Könnerseiten kann von Kindern ihr „Können", das sie für bedeutsam erachten, sichtbar gemacht werden. Ihre besonderen Fähigkeiten können sowohl mithilfe von Fotos als auch von Zeichnungen dokumentiert werden. So entstehen Seiten vom Grimassenschneiden, vom Abzählen mit den Fingern, von Zeichenerfolgen, von hohen gebauten Türmen …

„Das kann ich schon!"

> **Praxistipp**
> **Emotionen sichtbar machen**
> Eigene Emotionen bewusst wahrzunehmen und zu verstehen, müssen Kinder erst lernen. Wie sehe ich aus, wenn ich mich freue? Oder etwas nicht mag? Mithilfe von mit Emojis oder Smileys bedruckten Karten können Kinder über Emotionen und deren Ausdruck ins Gespräch kommen. Im Anschluss daran kann jedes Kind seine eigenen „Gefühlsgesichter" vor einem Spiegel fotografieren oder mehrere Kinder können sich gegenseitig aufnehmen. Zu den emotionalen Kompetenzen, die sich ein Kind aneignet, gehört auch, die Gefühlslagen anderer zu erkennen. Dabei spielen Gestik und Körperhaltung eine große Rolle. Auch hier können Fotos und kleine Videos helfen, die Zusammenhänge von Emotionsausdruck, Situation und Gefühlen zu verstehen.

5. Held*innen-Seiten

Für mache Kinder spielen bestimmte Medienheld*innen wie Ninjago, PawPatrol & Co. eine große Rolle. Meist wählen Kinder Figuren, die Parallelen zu den eigenen Wünschen oder im übertragenen Sinn zur eigenen Lebenssituation aufweisen. Mithilfe der Figuren können sie ins spielerische Handeln kommen und werden dabei stark, schön, schlau, reich oder haben unglaubliche Fähigkeiten und Kräfte. Diese besondere Bedeutung kann auch ins Portfolio aufgenommen werden. „Wie sieht dein Lieblingsheld, deine Lieblingsheldin aus? Was kann er/sie Besonderes? Worum geht es in der Geschichte?"

Beim Erstellen von analogen oder digitalen Portfolio-Held*innen-Seiten mit den Kindern können die pädagogischen Fachkräfte die Identifikationsfiguren kennenlernen und ihren Einfluss auf die Kinder einschätzen. Welche Wirkung hat ein Held, eine Heldin auf die Entwicklung eines Kindes? Wo schränkt eine Figur das Kind beispielsweise durch ein stereotypes Rollenbild eher ein, wo wirkt sie sich positiv aus? Durch dieses Aufgreifen der individuellen Medienthemen der Kinder unterstützen Fachkräfte die Bewältigung von wichtigen Entwicklungsaufgaben und begleiten gleichzeitig hochmotivierte Bildungsprozesse. Die Kinder erleben durch die Anerkennung des kindlichen Interesses, durch ein Berührtsein der Fachkräfte und durch die Möglichkeiten, über die Geschichten zu berichten und sie weiterzuentwickeln, eine Stärkung ihres Selbstwertgefühls.

6. Lernstern

Der Lernstern ist eine Methode, mit deren Hilfe die Kinder eigene Bildungs- und Lernziele formulieren, darstellen und die Verwirklichung dieser Ziele im Auge behalten können. Ausgangspunkt für jeden Lernstern ist die Frage nach individuellen Vorhaben oder Bildungszielen der Kinder: „Was möchtest du noch lernen, bevor du in die Schule kommst?" Oder konkreter auf die Kita bezogen: „Was möchtest du bis zu deinem Geburtstag in der Kita noch lernen?" Anhand dieser Fragestellung zeichnet jedes Kind seinen eigenen Stern; jede Zacke steht dabei für ein Ziel oder Vorhaben. Zur besseren Übersicht und um das spätere Wiedererkennen zu erleichtern, wird vom Kind ein Symbol für das jeweilige Ziel neben die Zacke gezeichnet. Im nächsten Schritt kann es dann die jeweilige Zacke von der Mitte her so weit ausmalen, wie es selbst einschätzt, dass es das Ziel schon erreicht hat. Diese Form der Bildungsdokumentation kann die Beobachtungen der pädagogischen Fachkräfte ergänzen und ganz konkrete Hinweise geben, welches die Themen und Vorhaben der Kinder sind und wo sie dabei ggf. Unterstützung brauchen.

> **Praxistipp**
>
> **Kita-Führerschein**
>
> In der Kita können „Führerscheine" eingeführt werden, um Kindern zu ermöglichen, selbstbestimmt zu agieren und Verantwortung für bestimmte Bereiche zu übernehmen. Gemeinsam überlegen Kinder und Erwachsene, was ein Kind können muss, um eine bestimmte Aufgabe zu übernehmen. So entsteht beispielsweise ein Regelkatalog zum Umgang mit der Digitalkamera oder dem Smartphone als Kamera-Ersatz: „Da muss man sich das Band zuerst um den Hals hängen, damit das Handy nicht runterfällt. Und auf das Glas vorne darf man nicht drauffassen, sonst kommt das Schmutzige vom Finger mit aufs Foto ..." Auch in anderen Bereichen können Führerscheine von den Kindern genutzt werden (Anzünden von Kerzen, Drucken von Fotos, Turnhalle allein benutzen, Blumen gießen, Fische füttern usw.). Die „Führerscheinprüfungen", die nicht nur von den pädagogischen Fachkräften, sondern auch von den anderen Kindern abgenommen werden können, sind auch oft Bestandteil von Be(ob)achtungsbriefen.

Der Lernstern zeigt die Bildungs- und Lernziele der Kinder.

Praxisbeispiel

„Ich kann schon ganz gut Fußball spielen", teilt Jona seinem Freund Lukas beim Malen des Lernsterns mit. „Das male ich in meiner Lieblingsfarbe an, bis fast ganz oben hin." Jona hat sich vorgenommen, einen Lernstern davon zu zeichnen, was er bis zu seinem sechsten Geburtstag in einem Jahr noch lernen möchte. Eine Zacke nach der anderen wird von ihm in unterschiedlichen Farben ausgemalt. „Schwimmen mit Schwimmflügeln und ohne wie die Großen will ich auch noch lernen. Für ohne Schwimmflügel male ich in Gelb, für mit Schwimmflügel in Orange. Pfeifen, so wie Lukas, will ich auch noch lernen. Das kann ich noch nicht. Da mach ich nur einen ganz dünnen Strich." Bananen schneiden und einen Kuchen damit machen kann er schon richtig gut, genau wie Luftmatratzen aufpusten. „Und Skip Bo-Karten spielen kann ich auch schon fast bis oben hin. Nur so ein ganz klitzekleines Stück muss ich noch lernen."

Die individuellen Lernsterne stellen dar, welche Ziele ein Kind hat und wo seine Interessen liegen, und vermitteln gleichzeitig auch ein Bild davon, wie ein Kind sich selbst einschätzt: „Sag mal Lukas, da bei deinem Polizeizacken ist ja nur noch ein ganz kleiner Fleck weiß. Hast du den mit Absicht frei gelassen?" – „Ja klar, ich weiß schon alles über Polizei, aber nur, warum die Bullen heißen, weiß ich noch nicht."

Der Lernstern ist nach einer Idee von Fridolin Sickinger entstanden. Franziska Schubert-Suffrian und Michael Regner haben seine Idee aufgegriffen, sie für den Einsatz in der Kita angepasst und mit den Kindern weiterentwickelt. Viele Ideen stammen dabei von den Kindern selbst. So verlängerten sie zum Beispiel einzelne Zacken ihres Sterns, wenn sie ein bereits erreichtes Ziel erweitern wollten. Die Auseinandersetzung mit ihren Lernsternen ermöglicht den Kindern ein bewusstes Wahrnehmen ihrer eigenen Lernziele. Sie erleben, dass sie ganz individuelle Ziele haben und diese auf unterschiedlichen Wegen selbsttätig erreichen können. In den Gesprächen mit den Kindern über deren Sterne erfahren die pädagogischen Fachkräfte viel über die lernmethodischen Kompetenzen und individuellen Aneignungsstrategien.

7. Fotogeschichten/Bildergeschichten

Praxisbeispiel

„Oh, schau mal, meine ist jetzt schon sieben groß. Und die andere fast acht. Wie groß sind denn deine?" Mit Begeisterung sind Jesse und Mika dabei, ihre Sonnenblumen immer wieder aufs Neue zu vermessen. Jeden Morgen schnappen sie sich den Zollstock und schauen, ob ihre Sonnenblumen wieder gewachsen sind. Auf die Idee kamen sie nach einem Gartentag in der Kita. Jeder von ihnen pflanzte in einen großen Blumentopf drei Sonnenblumenkerne – und täglich wurde die Erde gegossen. Am Anfang, als die Pflanzen noch nicht zu sehen waren, wurde die Geduld der beiden auf die Probe gestellt. Bis eines Morgens Jesse aufgeregt rief: „Mika, Mika, komm mal schnell. Da guckt schon was raus!" Zusammen bestaunten sie in den folgenden Tagen das Wachstum der Pflanzen. „Und wie schnell werden die jetzt groß?" Sie beschlossen, ab jetzt jeden Tag ganz oft zu schauen, wie die Pflanzen größer werden. „Und dann machen wir noch Fotos. Dann können wir auch den anderen zeigen, wie unsere Blumen wachsen." Die Veränderungen der Pflanzen wurden in den darauffolgenden Tagen regelmäßig mit einem Zollstock nachgemessen. Ganz nebenbei ging es für Mika und Jesse dabei um mathematische Selbstbildungsprozesse („Meine war übergestern noch zwei und ist jetzt schon fast drei, also eins mehr").

Die Dokumentation anhand von Fotogeschichten macht für Kinder Verläufe bzw. Abläufe sichtbar. Dabei wird deutlich: Wie sah etwas zuerst aus? Was passierte dann? Wie war es zum Schluss? Das erleichtert es Kindern, vorhandene Strukturen nachzuvollziehen und eigene zu entwickeln. Sie haben die Möglichkeit, handelnd Abläufe zu entschlüsseln und ihre Erkenntnisse auf andere Prozesse zu übertragen. In der Praxis nutzen Kinder diese Methode auch, um Baupläne oder Anleitungen zu entwickeln. So entsteht mithilfe des Fotoapparates oder in Form von Zeichnungen beispielsweise der Bauplan für den „höchsten Turm der Welt" oder eine „Bude zum Nachbauen" aus den Schaumstoffelementen in der Turnhalle. Dabei bringen die Kinder die Fotos oder Zeichnungen in eine für sie schlüssige Reihenfolge und erwerben gleichzeitig erste Kenntnisse der Symbolsprache. Dreidimensionale Gegenstände und Abläufe können von den Kindern selbstständig zu Papier gebracht, mit Zahlen beschriftet und damit – unabhängig von Erklärungen (insbesondere durch Erwachsene) – für andere nachvollziehbar festgehalten werden. Diese von den Kindern erstellten Foto- oder Bildergeschichten ermöglichen den pädagogischen Fachkräften einen ganz besonderen Einblick in die Denkprozesse von Kindern. Sie geben ihnen vielfältige Informationen über deren Blickwinkel und Interessen. Die dokumentierten Abläufe können zum Gesprächsanlass werden und bieten die Chance, an die für die Kinder bedeutsamen Themen anzuknüpfen.

Praxisbeispiel
Frederik nutzte die Gelegenheit, den Familienurlaub mit einer Digitalkamera zu dokumentieren. Die Eltern überließen ihm eine Kamera und unterstützten ihn darin, seine Bilder zu knipsen. Am Ende von mehreren kleinen Fotosafaris, die der 4-Jährige allein rund um das Ferienhaus unternahm, waren die Eltern beeindruckt vom Blickwinkel ihres Sohnes. Ihnen war weder aufgefallen, dass das Haus eine Außensteckdose hatte, noch, dass es einen Außenwasserhahn gab. Zudem sahen viele Dinge aus der Perspektive des Kindes ganz anders aus. Sei es der Tresen in der Küche, der, aus Kindersicht fotografiert, schier unerreichbar schien, oder der Blick einfach mal unter das Waschbecken. Auch mehrere Ausflugsziele sahen aus Frederiks Sicht ganz an-

> **Praxistipp**
> **Dokumentieren mit Digitalkamera oder Smartphone**
> - Digitalkameras sind mittlerweile auch in guter Qualität erschwinglich geworden. Dabei müssen nicht unbedingt sogenannte Kinderkameras gekauft werden, die zwar zum Teil robuster gebaut sind, in der Fotoqualität aber wesentlich schlechter abschneiden.
> - Noch kostengünstiger lässt es sich mit ausrangierten Smartphones fotografieren. Mit einem (gebrauchten) Handy mit Kamerafunktion lassen sich meist sehr gute Fotos machen. Um ein ungewolltes Hochladen ins Netz zu vermeiden, sollte das Smartphone nicht mit dem Internet verbunden sein (Flugmodus aktivieren oder Karte entfernen und WLAN ausschalten).
> - Um nicht immer dabei sein zu müssen, wenn die Kinder fotografieren, hat sich die Einführung eines „Kameraführerscheins" als hilfreich erwiesen. Die Kinder bekommen einen Führerschein, wenn sie den ordnungsgemäßen Umgang mit der Kamera/dem Smartphone zeigen können. Nur Kinder, die einen Führerschein haben, dürfen allein mit der Digitalkamera losziehen; andere Kinder können sich ein Kind mit Führerschein suchen, das sie begleitet.
> - Die Digitalfotografie ermöglicht einen kostengünstigen und je nach Ausrüstung der Kita auch schnellen Ausdruck. Oft kann schon von der Digitalkamera oder dem Smartphone direkt auf einen Drucker zugegriffen werden.

Das Pflanzenwachstum wird genau beobachtet ...

... gemessen und dokumentiert.

ders aus als in der Erinnerung der Eltern. So fotografierte er hauptsächlich die technischen Gerätschaften und Maschinen rund um die Ausflugsziele. „Da war doch der große Bagger und der Aufsitzrasenmäher, weißt du noch?"

Die Eltern hatten sich vorgestellt, dass ihr Sohn eine Auswahl seiner Urlaubsbilder für die Portfoliomappe der Kita mitnehmen würde. Das reichte ihm aber nicht. Er wollte die Bilder nicht nur einkleben, sondern auch den anderen Kindern in der Kita vorführen. „Das soll aber so, wie ihr es auch macht. Auf dem Computer." Schon häufig hatte er die Bildpräsentationen seiner Eltern auf dem Computer miterlebt. Also probte er zu Hause den Vortrag und stellte mit elterlicher Unterstützung die Fotoshow so ein, dass das nächste Foto erst per Mausklick erschien, da er unterschiedlich viel zu den einzelnen Bildern zu sagen hatte. Der Vortrag von Frederik in der Kindergartengruppe sprach sich auch unter den anderen Kindern schnell herum, sodass er von der Nachbargruppe gebeten wurde, auch dort seine Urlaubseindrücke zu schildern.

Praxistipp
Toniebox
Die Toniebox ist ein einfaches Abspielgerät für Musik, Hörspiele oder eigene Tondateien. Werden die dazugehörigen Figuren (Tonies) auf die Box mit Lautsprecher gestellt, spielt diese die zur Figur passenden Inhalte ab. Neben den zahlreichen vorgefertigten Tonie-Figuren wie Grüffello oder Benjamin Blümchen gibt es auch Kreativ-Tonies, die mit einem selbst gestalteten Inhalt (ca. 90 Minuten) bespielt werden können. Dafür werden die auf einem Smartphone, Tablet oder PC aufgenommenen Inhalte auf den Server des Herstellers kopiert (per WLAN in die Tonie-App) und dann, mit dem eigenen Kreativ-Tonie verknüpft, auf die Box geladen. Enthält der Text personenbezogene Daten, kann dies problematisch sein (s. Kapitel zum Datenschutz).

8. Hörgeschichten

Praxisbeispiel
Seit dem frühen Vormittag sind Jan und Phillip heute schon mit einem Digitalrekorder in der Kita unterwegs, um „Tolles aufzunehmen". Sie streifen durch die Einrichtung und fragen die anderen Kinder, was sie Spannendes können oder gemacht haben. Doch nicht nur die Kinder, auch die pädagogischen Fachkräfte müssen den beiden Reportern Rede und Antwort stehen. Am Mittag wird das Ergebnis dann den Interessierten vorgespielt. „Kann ich meine Wörter auch für mich haben?", fragt Aicha. Ihr Interview wird für sie im Anschluss auf einen Datenstick gespeichert.

Für viele Kinder hat es einen großen Reiz, sich selbst zu hören. So entstehen Dateien mit selbst erfundenen Geschichten, mit Geräuschen oder Liedern. Diese können zum Beispiel mithilfe einer Toniebox (und einem selbst bespielbaren Kreativ-Tonie) jederzeit für die Kinder hörbar gemacht werden (s. Praxistipp). Beim Anhören, auch noch Monate oder Jahre später, sind die Kinder immer noch fasziniert von ihren eigenen Aufnahmen und können diese meist problemlos dem ursprünglichen Kontext zuordnen.

9. „Landkarten" und andere Ideen der Kinder

Praxisbeispiel
In der Kita herrscht heute Aufregung. Ein Kamerateam filmt in der Einrichtung verschiedene Bereiche. Den ganzen Vormittag folgt Arthur mit einem Bogen Papier und verschiedenen Stiften unter dem Arm dem Team. Immer, wenn es in einem Raum Station macht, setzt er sich in eine ruhige Ecke, beobachtet und beginnt zu malen. Interessiert verfolgt eine Erzieherin sein Tun. Als er sich erneut in der Nähe des Filmteams zum Zeichnen zurückzieht, bittet sie ihn, seine Zeichnung zu erklären. Begeistert stellt Arthur seine Arbeit vor. Er hat eine Art Grundriss der Kita entworfen und auf diesem Plan dokumentiert, wo das Kamerateam bereits gefilmt hat. Sämtliche Räume und auch die Personen, die gefilmt wurden, hat er auf seiner „Landkarte" verzeichnet und den Weg des Kamerateams damit chronologisch verfolgt. Am nächsten Tag stellt er sein Werk im Morgenkreis auch den anderen Kindern vor. Die finden die Idee so spannend, dass sie sich aufmachen, um die Wege der Fachkräfte, Handwerker, Besucher*innen und

Eltern zu beobachten und auf „Landkarten" festzuhalten. Noch Monate später können die Kinder die Wege und Geschehnisse anhand ihrer Zeichnungen beschreiben. Sie haben so ihre eigene Dokumentationsform „erfunden".

Kinder entwickeln im Alltag manchmal ihre eigenen Dokumentationsformen. In der Regel allerdings erst, wenn sie bereits mit anderen Formen der Beobachtung und Dokumentation vertraut sind. Eine bewusst eingenommene fragende Haltung vonseiten der pädagogischen Fachkräfte ermuntert die Kinder dabei, selbstständig kreative Wege zu gehen.

Praxisbeispiel
Der 5-jährige Leon ließ sich dabei fotografieren, wie er eine sehr große Seifenblase pustete. Immer wieder hatte er es versucht, bis ihm die Seifenblasen endlich so gelangen, wie er es sich wünschte. Nachdem er das Foto voller Stolz ans Schwarze Brett gehängt hat, wird es von der 4-jährigen Meriban bestaunt. „Du kannst ja gut Seifenblasen machen. Und voll große. Zeig mal, wie das geht." Kurz darauf sieht man die beiden und auch noch einige andere Kinder in das Pusten von Seifenblasen vertieft. Leon wird dabei von den anderen in der Rolle des Experten gesehen. Aus dem Interesse der Kinder an diesem Thema entstehen kleine Arbeitsgruppen, die sich auch noch in den folgenden Tagen mit den Seifenblasen beschäftigen.

10. Aufbewahrungsorte

In vielen Einrichtungen entscheiden sich die pädagogischen Fachkräfte dafür, mit den Kindern analoge Ordner für die Aufbewahrung der Portfolioseiten anzulegen. Wenn die Kinder selbst entscheiden dürfen, wo sie ihre Sammlungen aufbewahren, entstehen manchmal ganz andere Ideen zur Aufbewahrung.

Dies können selbst gestaltete Schatztruhen, bemalte Leinenbeutel, Schubladen oder Fächer sein. Damit besteht auch die Möglichkeit, dreidimensionale Werke aufzuheben. Durch die in diesem Kapitel beschriebenen unterschiedlichen Beobachtungs- und Dokumentationsideen erleben die Kinder, dass ihre Handlungen und Werke, ihre Zugänge und Bildungswege beachtet und gewürdigt werden. Sie erfahren, dass sie als kompetente Lernende wahrgenommen werden, und erhalten die Möglichkeit, ihre eigene Entwicklung bewusst in den Blick zu nehmen. Die so entstandenen Bildungsdokumentationen geben darüber hinaus vielfältige Impulse für den pädagogischen Alltag. Sie werden nach und nach zur Grundlage des pädagogischen Handelns. Die Auswertung der Beobachtungsergebnisse ermöglicht eine differenzierte Reflexion sowie eine passgenaue, auf die individuellen Bildungsprozesse und Lernwege der Kinder ausgerichtete Planung der pädagogischen Arbeit.

In „Schatzkisten" können Werke und Fundstücke der Kinder gesammelt werden.

Die Beobachtungsergebnisse werden im Team ausgewertet.

V. Auswertung und Umsetzung in pädagogisches Handeln

1. Auswerten der Beobachtungen und Dokumentationen

Um die Beobachtungen und Dokumentationen – unabhängig davon, ob sie analog oder digital erstellt wurden – zur Grundlage des pädagogischen Handelns zu machen, ist es erforderlich, die Bildungsdokumentationen der einzelnen Kinder gezielt auszuwerten. Diese Auswertung geschieht am besten zunächst im Team (Klein- oder Großteam). So können unterschiedliche Blickwinkel und Sichtweisen ein facettenreicheres Bild ermöglichen. Bedeutsam ist aber auch die Sichtweise der Kinder. Um ihre Handlungen besser verstehen zu können, ist es notwendig, dass Fachkräfte einen Perspektivwechsel vollziehen und sich in die Lage der Kinder versetzen. Bei der Auswertung für die pädagogische Arbeit bilden dabei die Stärken, Interessen und Kompetenzen des jeweiligen Kindes den Ansatzpunkt. Die gemeinsame Auswertung der Sammlung mündet in die Bildung einer Arbeitshypothese und die Planung von konkreten nächsten Schritten, bezogen auf das einzelne Kind oder auf die gesamte Gruppe.

Im Anschluss an die Auswertung der pädagogischen Fachkräfte erfolgt eine gemeinsame Auswertung mit dem jeweiligen Kind. Dies kann in Form eines geplanten Gesprächs, aber auch im spontanen Dialog erfolgen. Dabei hat das Kind die Möglichkeit, die Überlegungen des Erwachsenen bewusst wahrzunehmen. Im Dialog kommt es zu einem gemeinsamen Nachdenken und Aushandeln, welche Schlüsse daraus zu ziehen sind. Die so gewonnenen Erkenntnisse bilden die Grundlage für die nächsten Schritte. Durch diese Dialoge wird für die Kinder der Zusammenhang zwischen ihren Bedürfnissen und Interessen und den daraus resultierenden Angeboten durch die Fachkräfte deutlich.

Sowohl die Schlüsse, die die Fachkräfte ziehen, als auch die Planung der nächsten Schritte werden dabei als Frage bzw. Vorschlag an das Kind formuliert: „Ich habe beobachtet … – ist das so?", „Würde dich das interessieren?", „Hättest du Lust zu …?" So kann das Kind das Gesagte für sich überprüfen und Entscheidungen treffen. In diesem wechselseitigen Austausch verständigen sich Kinder und Erwachsene auch auf gemeinsame Umsetzungsschritte. Dabei kann sich das Kind als aktiv mitgestaltend wahrnehmen. Es erlebt, dass es Einfluss auf die Gestaltung seiner Lebensumwelt hat, und kann so nach und nach immer mehr Verantwortung für das eigene Handeln übernehmen. Anschließend werden die konkreten Schritte und Vorhaben in die Tat umgesetzt und im Team, mit den Kindern und den Eltern gemeinsam reflektiert. Die in der Zwischenzeit entstandenen Beobachtungen können erneut zum Anlass für Auswertungen und Planungen werden.

Der Umgang mit den Beobachtungsergebnissen

Oft stellt der Umgang mit den Ergebnissen einer Beobachtung im pädagogischen Alltag ein Problem dar: Wie sollen die vielfältigen Ergebnisse ausgewertet und zusammengebracht werden, um daraus neue pädagogische Handlungsansätze zu entwickeln? Die im Folgenden dargestellten Aspekte erleichtern die Auswertung und ermöglichen anhand von Leitfragen eine Planung der nächsten Schritte. Sie berücksichtigen dabei sowohl den Kontext und die grundlegenden Voraussetzungen für Lern- und Bildungsprozesse der Kinder wie Wohlbefinden und Zugehörigkeit als auch individuelle Schwerpunkte, Interessen, Themen und Zugänge und nehmen zudem die Überzeugungen und Erwartungen, die das Kind seinen Aneignungsprozessen gegenüber mitbringt, in den Blick.

Die vier Aspekte der Auswertung

Bedürfnisse, Wohlbefinden, Zugehörigkeit
- Zeigt das Kind, dass es sich wohlfühlt?
- Hat das Kind Beziehungen/Bindungen zu anderen Kindern/zu Fachkräften?
- Findet grundsätzlich Weiterentwicklung statt?

Interessen, Schwerpunkte
- Woran ist das Kind interessiert (allgemein/aktuell)?
- Welche Schwerpunkte zeigt das Kind?
- Was begeistert das Kind?
- Wo ist es konzentriert dabei?

Zugänge, Wege, Kompetenzen
- Welche persönlichen Zugänge zeigt das Kind?
- Wie eignet sich das Kind Neues an?
- Welche Kompetenzen nutzt das Kind?

Überzeugungen, Erwartungen
- Welche Überzeugungen von sich selbst signalisiert das Kind?
- Wie schätzt das Kind seinen Handlungserfolg ein?

Auch Portfolioseiten der Kinder werden in die Auswertung mit einbezogen.

Bedürfnisse, Wohlbefinden, Zugehörigkeit
Der erste Blick in der Auswertung gilt den Grundvoraussetzungen für die kindliche Entwicklung. Denn erst die gesammelten Informationen über den individuellen Kontext eines Kindes ermöglichen ein Verstehen und Einordnen der Beobachtungen und sind somit Grundbaustein der Auswertung. Dabei geht es auch darum, die individuelle Lebenssituation des Kindes in den Blick zu nehmen: Wie lebt es zu Hause? Wie verbringt es die Zeit nach der Kita? Hat es Geschwister? Gibt es besondere Lebensbedingungen? Fühlt sich das Kind grundsätzlich wohl und sicher in der Kita? Hat es Beziehungen zu anderen Kindern und zu den pädagogischen Fachkräften? Beansprucht es Beachtung von anderen Kindern oder Erwachsenen? Ist dies der Fall, ist es ihm möglich, sich aktiv mit seiner Umwelt auseinanderzusetzen. Darüber hinaus richtet sich der Blick auch auf die Eigentätigkeit des Kindes: Findet eine grundsätzliche Weiterentwicklung statt? Entwickelt das Kind Ideen und versucht es, diese in der Kita umzusetzen? Antworten auf diese Fragen lassen sich sowohl aus den Beobachtungen der Fachkräfte (z. B. Soziogramm, Beobachtungs-Mindmap) als auch aus den Werken und Dokumenten der Kinder (z. B. Lernstern) „ablesen".

Interessen, Schwerpunkte
Sowohl die Interessen als auch die Schwerpunkte der Kinder lassen sich in der Regel gut beobachten oder aus den Dokumenten der Kinder ersehen. Das bevorzugte Spielmaterial und der Aufenthalt in bestimmten Bereichen der Kita geben dafür (erste) Anhaltspunkte, ebenso die Dokumente der Kinder selbst (z. B. Lernstern, Könnerseiten). Weitere Indizien können Spielpartnerschaften oder (vorübergehende) Interessengemeinschaften sein. In vielen Fällen liefert auch der Dialog mit dem Kind wichtige Informationen. Die Frage „Was würdest du jetzt gerne noch tun?", nachdem ein Kind eine intensive Spielphase beendet hat, kann beispielsweise ein zusätzlicher Ansatzpunkt sein.

Zugänge, Wege, Kompetenzen
Jedes Kind hat seine individuellen Zugänge zu Lern- und Bildungsprozessen. Manche Kinder haben eher einen sprachlichen oder mathematischen Zugang zur Welt, andere eignen sich neue Kompetenzen über Bewegung oder bevorzugt gemeinsam mit anderen Kindern an. Das Kind folgt seinem eigenen Rhythmus und benötigt seine eigene Zeit. In der Regel bevorzugt es verschiedene Zugänge; sie sind sein Schlüssel zur Welt. Diese individuellen Zugänge und Herangehensweisen gilt es, in den Blick zu nehmen. Sie lassen sich ebenfalls sowohl aus den Beobachtungen der Erwachsenen als auch aus den Werken der Kinder ermitteln.

Überzeugungen, Erwartungen
In den ersten Lebensjahren bilden sich die Grundüberzeugungen eines Kindes über sich selbst und seine Kompetenzen aus. Dieser wichtige Teil der Persönlichkeitsentwicklung prägt die individuellen Herangehensweisen jedes Kindes an neue Aufgaben. Daher gilt es, diesen Aspekt in den Blick zu nehmen: Welche Überzeugungen von sich selbst und dem eigenen Handeln strahlt ein Kind aus? Solche Grundüberzeugungen und Erwartungen von Kindern sind zu beobachten, wenn sie sich beispielsweise an eine selbst gewählte Aufgabe heranwagen. Macht das Kind dabei deutlich, dass es sich der Herausforderung gewach-

sen fühlt? Tritt es für seine Überzeugungen ein? Vertritt es seine Wünsche und Anliegen? Dabei können auch Signale wie Vitalität und Lebensfreude wichtige Hinweise geben. Genauso wie das Verhalten in Situationen, in denen Probleme auftauchen oder einem Kind etwas nicht gelingt. Neben den rein beobachtbaren Faktoren sind auch verbale Äußerungen des Kindes („Ich bin der/die Beste!", „Ich kann das ganz toll!", „Ich kann das gar nicht") Indizien für seine inneren Überzeugungen.

Auswertung im Team

Im Rahmen des Austauschs der pädagogischen Fachkräfte über die unterschiedlichen Beobachtungen und Dokumente ist zu klären, ob sich beim jeweiligen Kind ein bestimmtes Thema wie ein roter Faden durch das Festgehaltene zieht. Gibt es Interessen oder Schwerpunkte, Zugänge oder Aneignungskompetenzen und Grundüberzeugungen, die in den Beobachtungen und Dokumenten immer wieder sichtbar werden? Diese bewusst wahrzunehmen, erleichtert es den Fachkräften, an der Motivation der Kinder, an ihren Themen und Bedürfnissen anzuknüpfen und sie weiter herauszufordern.

2. Am Beispiel von Jona

Nachfolgend werden anhand von Jona (inzwischen fast 5 Jahre alt) die weiteren Vorgehensweisen der pädagogischen Fachkräfte beispielhaft dargestellt. Einige Aspekte der Bildungsdokumentationen von Jona wurden in den bisherigen Kapiteln bereits beschrieben. Sie stellen die Grundlage für die nachfolgende Auswertung und Planung dar. Dabei können die vielen Facetten, die in der Realität beobachtet und dokumentiert wurden, hier nur ansatzweise aufgenommen werden.

Bedürfnisse, Wohlbefinden, Zugehörigkeit

Jona hat unterschiedliche tragfähige Beziehungen mit anderen Kindern. Er ist engagiert bei Gruppenaktivitäten und im freien Spiel. Von den anderen Kindern wird er gerne als Spielpartner gewählt. Eine Reihe von Jungen und Mädchen bezeichnet er als seine Freund*innen. Er nutzt den gesamten Innen- und Außenbereich der Kita und sucht auch Kontakt zu Kindern aus anderen Gruppen. Insgesamt scheint sich Jona in der Kita meist wohl und sicher zu fühlen. Seine Weiterentwicklung ist in unterschiedlichen Bereichen deutlich zu beobachten (z.B. soziale, mathematische, sprachliche Kompetenzen).

Es gibt aber auch Momente, in denen sich Jona unzufrieden mit sich selbst oder der Situation zeigt. Dies wird durch einen weinerlichen Tonfall und Unmutsäußerungen deutlich. Er wirkt dann, als ob er kurz vor einem „Systemzusammenbruch" steht. In manchen Situationen bricht er dann auch weinend zusammen oder zieht sich in eine Ecke zurück und will über längere Zeit (ca. 20 Min.) alleine sein. Bei den Beobachter*innen entstand dabei der Eindruck, dass Jona unter Druck steht, keine Handlungsalternativen sieht und nicht weiß, wie er seine Emotionen regulieren kann.

Interessen, Schwerpunkte / Zugänge, Wege, Kompetenzen

Jona zeigt in vielen beobachteten Situationen ein deutliches Interesse daran, Gegenstände zu sortieren und in eine Reihenfolge oder einen logischen Zusammenhang zu bringen. Häufig sortiert er zunächst die Materialien, bevor er zum eigentlichen Spiel übergeht (vgl. Be(ob)achtungsbrief). So scheint er sich zunächst einen Überblick zu verschaffen. Auch in anderen Situationen ist es ihm wichtig, strukturiert und geplant vorzugehen; beispielsweise fordert er zeitliche Rahmenbedingungen von den pädagogischen Fachkräften ein (vgl. Gesprächsprotokoll). Wenn besondere Aktivitäten für ihn nicht planbar erscheinen, verunsichert ihn dies manchmal. Zeitweilig beobachtet er bestimmte Vorgänge erst eine Weile, bevor er sich auf sie einlässt.

Wie kann die weitere Entwicklung der Kinder angeregt und unterstützt werden?

Literaturtipp

Haug-Schnabel, G./Bensel, J. (2019): Vom Säugling zum Schulkind. Entwicklungspsychologische Grundlagen. Völlig überarbeitete Neuausgabe. kindergarten heute – wissen kompakt. Freiburg: Herder.

Valentien, S. (2022): Sozial-emotionale Kompetenzen von Kindern fördern. kindergarten heute – wissen kompakt. Freiburg: Herder.

Seine Schwerpunkte liegen zurzeit im Konstruktionsbereich (vgl. Beobachtungs-Mindmap). Auch hier sortiert er die Bausteine nach Farben oder Größe, bevor er mit dem Bauen startet und dann farblich sortierte symmetrische Bauwerke konstruiert. Darüber hinaus zeigt Jona ein großes Interesse an mathematischen Fragen und der Schriftsprache. Er rechnet sicher Plus und Minus im Zahlenbereich bis zehn und beginnt zu dividieren. Diese Fähigkeit setzt er auch immer wieder in Gesprächen und selbst erfundenen Rätseln ein. Jona hat großes Interesse an Buchstaben. Er schreibt immer wieder seinen Namen und versucht, die Namen der anderen Kinder zu entziffern. Er versucht auch, anderen Kindern der Gruppe sein Wissen weiterzugeben. In vielen Fällen eignet sich Jona die Welt im Spiel mit anderen Kindern an. Er sucht sich aber auch Spielorte, an denen er sich allein mit einem Material auseinandersetzen kann.

Überzeugungen, Erwartungen

Den eigenen Handlungserfolg schätzt Jona mehrheitlich positiv ein, wie er in Gesprächen oder spontanen Äußerungen immer wieder deutlich macht. Er ist grundsätzlich davon überzeugt, dass ihm das, was er angeht, auch gelingen wird. Bei manchen Herausforderungen entsteht der Eindruck, dass er sich erst dann auf sie einlässt, wenn er von einem erfolgreichen Abschluss überzeugt ist. Treten während eines Prozesses unerwartete Probleme auf, probiert er in manchen Situationen immer wieder neue Wege aus, bis er eine für ihn befriedigende Lösung gefunden hat. In anderen Situationen steigert sich seine Verzweiflung und er kann nicht mehr konstruktiv mit der Aufgabe umgehen.

Die Auswertung anhand der oben genannten Schwerpunkte/Fragestellungen ist zunächst eine Interpretation der pädagogischen Fachkräfte. Sie findet in der Regel im Kleinteam statt und wird in Stichworten protokolliert. Die Auswertungsergebnisse sind als Hypothese und vorläufige Arbeitsgrundlage zu verstehen. Dies bedeutet, dass von den Fachkräften immer wieder überprüft werden muss, ob der entdeckte „rote Faden" sich (noch) durch das Verhalten des Kindes zieht. Dabei kann auch die Fachkraft Teil der Ursache des kindlichen Verhaltens sein. Dies erfordert, dass sie ihren Anteil an der Gesamtsituation reflektiert. Auf Grundlage der Arbeitshypothese kann dann eine gemeinsame Planung für die nächsten Schritte erfolgen.

3. Nächste Schritte planen und umsetzen

Im Austausch über das Kind geht es darum, konkret zu planen, welches Vorgehen der pädagogischen Fachkräfte es ihm erleichtert, weitere Lern- und Entwicklungsschritte gehen zu können. Eine wesentliche Voraussetzung hierfür ist die partizipative Grundhaltung der Fachkräfte, die es ermöglicht, Wünsche, Bedürfnisse und Interessen der Kinder aufzunehmen und umzusetzen. Dabei geht es sowohl um ein genaues Hinsehen als auch um ein genaues Zuhören. Die Beteiligung von Kindern und die Beobachtung sind dabei zwei sich ergänzende Aspekte, die beide zu berücksichtigen sind. In der Umsetzung im pädagogischen Alltag ist es das Ziel, die Kinder sowohl individuell als auch als (Teil-)Gruppe zu unterstützen. Viele Aktivitäten und Angebote im Kita-Alltag bieten vielfältige Herausforderungen, sodass auch Kinder mit unterschiedlichen Interessen und Schwerpunkten davon profitieren können.

Grundlage der Planung

Die konkrete Planung der nächsten Schritte bezieht sich auf drei grundlegende pädagogische Handlungsfelder:
1. Beziehungsgestaltung: Wie kann ich mit meinen Beziehungsangeboten und meiner Kommunikation das Kind in seiner Bildungsaktivität unterstützen?
2. Gestaltung von Strukturen und Ressourcen: Durch welche räumlichen Strukturen, welches Materialangebot und welche Struktur des Tagesablaufs können wir die Selbstbildungsprozesse der Kinder unterstützen?
3. Gestaltung von Angeboten und Projekten: Mit welchen Angeboten und Projekten nehmen wir die Themen, Interessen und Schwerpunkte des einzelnen Kindes auf?

Beziehungsgestaltung

Die Motivation, sich mit seiner dinglichen und sozialen Umgebung auseinanderzusetzen, zu lernen und sich zu bilden, bringt jedes Kind von Geburt an mit. Um sie aufrechtzuerhalten, brauchen Kinder Erwachsene, die sich ihnen zuwenden, sie begleiten, ihnen eigene Bildungswege zutrauen und zugestehen. Dialogische Beobachtung und Dokumentation, wie sie in den letzten Kapiteln beschrieben wurden, unterstützen diese Haltung und fördern damit eine intensive Beziehung zwischen Kindern und pädagogischen Fachkräften. Im Prozess lernen Kinder und Fachkräfte die Perspektiven des Gegenübers besser kennen und verstehen. Der Beziehungsgestaltung kommt eine besondere Bedeutung zu. Sie ist das Fundament, auf dem Entwicklung stattfindet. Wenn sich Kinder sicher und geborgen fühlen, ist dies die Grundlage für ihre Weiterentwicklung – dafür, die nächsten Schritte anzugehen. Es geht also darum, in der Kita eine Atmosphäre zu schaffen, die es dem Kind ermöglicht, seine individuellen Lern- und Bildungswege bestmöglich weiterzuentwickeln. Dies geschieht, indem pädagogische Fachkräfte das eigene Verhalten und die konkrete Beziehungsgestaltung auf die aktuelle Situation abstimmen, in der sich ein Kind gerade befindet: Welche Beziehungsangebote oder Unterstützung braucht das Kind aktuell? Was spreche ich wie mit dem Kind an? Wie kann ich sein Zutrauen in sich selbst fördern und seine Wege würdigen? Welche Begleitung kann ich anbieten?

Gestaltung von Strukturen und Ressourcen

Kinder brauchen Ressourcen, um ihre individuellen Lern- und Bildungswege bestmöglich gehen zu können. Sie benötigen ihren Raum, ihre Zeit und Materialien. Aufgabe der pädagogischen Fachkraft ist es, diesen Bedarf wahrzunehmen und die „Bildungsumgebung" der Kinder entsprechend zu gestalten: Haben die Kinder ausreichend Zeit und Raum, sich ins Spiel zu vertiefen? Stehen die benötigten Materialien zur Verfügung? Welche Entscheidungsspielräume haben die Kinder, um ihre individuellen Wege zu finden? Neben den Ressourcen, die die Kinder für ihre Lern- und Bildungswege benötigen, spielt auch die Gestaltung von Strukturen, wie beispielsweise des Tagesablaufs, eine Rolle. Dabei ist es wichtig zu überprüfen, welche Strukturen dazu geeignet sind, dass die Kinder ihre Interessen und Schwerpunkte weiterverfolgen können. Bestehende Strukturen müssen immer wieder hinterfragt und auf die veränderten Bedürfnisse der Kinder ausgerichtet werden. Die Rahmenbedingungen an die Bedarfe der Kinder anzupassen, erfordert von den Fachkräften eine hohe Reflexionsbereitschaft; zudem lässt sich dies nur im Team umsetzen. Das macht eine gemeinsame Planung erforderlich.

Gestaltung von Angeboten und Projekten

Die Beobachtungen und deren Auswertung lassen die Interessen, Schwerpunkte und Zugänge der einzelnen Kinder meist recht deutlich sichtbar werden. Aufgabe der pädagogischen Fachkräfte ist es, diese Beobachtungen und Schlussfolgerungen zur Grundlage für die Gestaltung von Angeboten und Projekten zu machen. Dabei geht es darum, eine möglichst große Schnittmenge zu erreichen und gleichzeitig zu ermöglichen, dass sich einzelne Kinder auch mit individuellen Themen auseinandersetzen können, ohne dass es ein Gruppenthema werden muss: Welche Angebote greifen die Interessen und Themen des Kindes auf und geben ihm die Gelegenheit, diese weiterzuverfolgen? Wie müssen die Angebote und Projekte gestaltet sein, damit sie die Kinder herausfordern?

4. Der Prozess – ganz konkret

Im Anschluss an die Auswertung der Beobachtungsergebnisse wird gemeinsam im Team eine konkrete Planung für die nächsten sechs Monate bezüglich Jona erarbeitet. Die Auswertungen der Beobachtungsergebnisse anderer Kinder haben eine Reihe von Überschneidungen und Parallelen zu den Bedürf-

Es gilt, die Interessen der Kinder aufzugreifen und ihnen entsprechende Angebote zu machen.

nissen von Jona ergeben. Die im Folgenden dargestellten Planungsschritte treffen daher nicht nur auf Jona allein zu, sondern stellen Schnittmengen mit den Bedürfnissen und Bedarfen anderer Kinder dar. In der Reflexion des Prozesses ist auch deutlich geworden, dass allein die Beobachtung und Auswertung bei den pädagogischen Fachkräften bereits zu Verhaltensänderungen geführt haben. Eine Erzieherin formuliert das so: „Durch die intensive Beobachtungsphase konnte ich im Gespräch mit Jona gleich angemessener reagieren und ihm so die Möglichkeit geben, seine Bedürfnisse zu äußern."

Beziehungsgestaltung
Auf der Beziehungsebene haben sich die pädagogischen Fachkräfte vorgenommen, Jona dabei zu unterstützen, seine Gefühle besser einschätzen und regulieren zu können. Dies bedeutet beispielsweise, dass ihm eine Erzieherin in Zukunft im Anschluss an eine Überforderungssituation anbietet, gemeinsam Lösungsmöglichkeiten zu erarbeiten. Dabei vermeidet sie Schuldzuschreibungen und Bewertungen. Sie hilft ihm, die Situation und die Gefühle, die diese ausgelöst hat, zu beschreiben und herauszufinden, was er sich in dieser Situation gewünscht hätte. Darüber hinaus hat sich die Erzieherin zum Ziel gesetzt, Jona in den Spielsituationen intensiver zu begleiten und im gemeinsamen Spiel die Bedürfnisse und Anliegen von anderen Kindern für Jona zu „übersetzen".

Gestaltung von Strukturen und Ressourcen
Um Jona bei der Strukturierung und Einschätzung von Abläufen zu unterstützen, haben die pädagogischen Fachkräfte geplant, die Strukturen des Tages und der Woche für die Kinder deutlicher sichtbar zu gestalten. Sie wollen gemeinsam mit den Kindern einen Ankreuzkalender (ähnlich einem Adventskalender) entwickeln, der die Tage bis zum Ausflug oder bis zu einem anderen Höhepunkt im Alltag sichtbar macht. Diese Kalendersystematik soll Orientierung und Sicherheit bieten und deshalb in Zukunft bei allen Planungen mit den Kindern eingesetzt werden. Darüber hinaus wollen die Fachkräfte den Tagesablauf dahingehend überprüfen,

- ob Jona innerhalb der Kita-Strukturen ausreichend Gelegenheit hat, Begonnenes über einen längeren Zeitraum zu verfolgen,
- ob er genügend Möglichkeiten hat, sich in eine Aufgabe zu vertiefen,
- ob es möglich ist, weitere Arbeitsplätze, die den Kindern die Chance bieten, sich allein mit einem Material auseinanderzusetzen, zu schaffen.

Von der Beobachtung zum pädagogischen Handeln – die Schritte

- Beobachten und dokumentieren im Dialog
- Auswerten, interpretieren, Arbeitshypothesen bilden
- Planung von Handlungsschritten für jedes Kind/die Gruppe
- Vorhaben umsetzen
- Überprüfen, reflektieren

Gestaltung von Angeboten und Projekten

Für die Gestaltung von Angeboten und Projekten bieten die Beobachtungen von Jona vielfältige Anknüpfungspunkte. Die pädagogischen Fachkräfte haben sich dafür entschieden, die Lernwerkstatt der Kita gemeinsam mit Jona und zwei weiteren Kindern im Bereich Schriftsprache und Mathematik deutlich auszubauen. Die oben bereits erwähnten Ankreuzkalender werden durch ein gruppenübergreifendes Projektangebot ergänzt, das sich mit dem Thema „Zeit" (Jahreszeiten, Wochenabläufe, Tageszeiten) beschäftigt. Jona soll die Gelegenheit erhalten, daran teilzunehmen.

Im Dialog mit dem Kind

Der Austausch mit Jona über die Schlüsse, die die pädagogischen Fachkräfte aus seiner Bildungsdokumentation ziehen, sowie über die Planung der nächsten Schritte findet in mehreren spontanen Dialogen und einem von seiner Erzieherin initiierten längeren Gespräch statt. Bei der gemeinsamen Betrachtung des Portfolio-Ordners entsteht ein intensiver Austausch über das Vorgehen von Jona. Dabei berichtet die Erzieherin von ihrer Beobachtung, dass er die Spielmaterialien in der Regel zunächst sortiert. „Sonst ist das ja auch falsch", teilt Jona ihr mit. „Machst du das immer so?", fragt sie weiter. „Ja, da weiß ich, wo alles ist", bestätigt er. Im weiteren Gespräch wird deutlich, dass die unstrukturiertere Vorgehensweise anderer Kinder Jona manchmal irritiert und es dann nicht selten zum Streit kommt: „Die machen mir dann immer alles kaputt."

In einer nächsten Spielsituation, in der Jona mit zwei anderen Kindern auf dem Bauteppich tätig ist, begleitet die Fachkraft das Spiel der Kinder, indem sie sich daran beteiligt. Schon beim Aufbau der Materialien werden die unterschiedlichen Vorgehensweisen der Kinder deutlich. Lukas beginnt sofort mit dem Bauen und nimmt Jona die Steine, die dieser zuerst sortieren will, weg, um sie sogleich zu verbauen. Mit lautstarkem Protest macht Jona seinen Unmut darüber deutlich. In dieser Situation versucht die Fachkraft zu vermitteln und beide Kinder darin zu unterstützen, ihre jeweiligen Gefühle und Bedürfnisse auszudrücken. Jona kann so äußern, dass er zunächst alle Steine sortieren möchte und erst dann mit Bauen anfangen will: „Dann geht das viel besser. Wir wissen, wo alles ist." – „Was schon gebaut ist, bleibt aber" – unter dieser Bedingung kann sich Lukas auf den Vorschlag einlassen.

Durch die Unterstützung der Erzieherin kann Jona sein Anliegen darstellen. Dabei wird ihm eine Bandbreite verschiedener Vorgehensweisen deutlich, ohne dass ihm eine vorgegeben wird. Das ermöglicht es ihm, sich in weiteren Spielsituationen mit den anderen Kindern über deren Vorgehensweisen auszutauschen: „Warum schüttest du den ganzen Kasten mit den Legos aus?", fragt er beispielsweise Lukas, als er ihn ein paar Tage später beobachtet. Durch solche Dialoge lernt Jona, sein Handeln bewusst wahrzunehmen. Dies erleichtert es ihm, sein Vorgehen zu reflektieren und sein Handlungsspektrum gezielt einzusetzen und zu erweitern. Darüber hinaus nimmt Jona das von der Erzieherin unterbreitete Angebot der Lernwerkstatt in der Folgezeit intensiv wahr. Insbesondere der mathematische Bereich wird dabei zu seinem Hauptinteresse. Zunehmend erweitert er seinen Aktionsradius. Beim Ankreuzkalender möchte er zunächst die Rolle des Ankreuzenden übernehmen, später verliert er das Interesse an diesem Posten; der Kalender als solches bleibt jedoch eine wichtige Strukturhilfe für ihn.

Dieser Prozess der gemeinsamen Auswertung und Planung ermöglicht es den Fachkräften, ihre pädagogische Arbeit zu reflektieren und kontinuierlich weiterzuentwickeln. Neue Beobachtungen und Dokumentationen werden immer wieder zu Ausgangspunkten von Auswertungen und Planungen. Diese „Endlosschleife" hilft, die pädagogische Arbeit konsequent an die Bedürfnisse und Bildungsbedarfe der Kinder anzupassen. Beobachten, dokumentieren, auswerten, planen und reflektieren werden so zu einer sich immer wieder ergänzenden Einheit und Grundlage der täglichen pädagogischen Arbeit.

Eltern sollten von der Fachkraft in die Portfolioarbeit mit einbezogen werden.

VI. Gemeinsam mit Eltern das Kind in den Blick nehmen

1. Eltern einbeziehen

Wenn Kinder eine Kita besuchen, findet ihr Leben in zwei unterschiedlichen sozialen „Welten" statt. Beide Lebenswelten – die Familie und die Gemeinschaft in der Kita – erwarten Verhaltensweisen, die sich sehr voneinander unterscheiden können. Beim Übergang in die Kita muss sich das Kind erst einmal an diese neue Situation gewöhnen und eine Anpassungsleistung vollziehen. Nach und nach kann es dann auch die neue Situation einschätzen und mitgestalten. Damit dieser Prozess gelingt, ist es notwendig, dass die Erwachsenen beider Lebenswelten sich gegenseitig anerkennen und wertschätzen. Wenn das Kind wahrnehmen kann, „meine Eltern finden, dass die Erzieher*innen und die Kita in Ordnung sind" – „meine Erzieherin/mein Erzieher akzeptiert das, was meine Eltern tun und sagen", ist dies eine entscheidende Grundlage für eine gelungene Eingewöhnung und dafür, dass sich das Kind in der Einrichtung wohlfühlt.

Der gemeinsame Blick auf das Kind
Die Erziehungspartnerschaft von pädagogischen Fachkräften und Eltern und damit die gemeinsame Begleitung des Kindes ist als ein

Prozess zu sehen, den es zusammen zu gestalten gilt. Diese Haltung ist bei den Eltern nicht vorauszusetzen, sondern muss zunächst vonseiten der pädagogischen Fachkräfte eingenommen und verantwortet werden. Denn sie haben den professionellen Part im Beziehungsdreieck von Kindern, Eltern und Erzieher*innen. Die Expert*innensicht auf das jeweilige Kind haben aber sowohl die Fachkräfte als auch die Eltern aus ihrem jeweiligen Kontext heraus.

Der Austausch über Beobachtungen und Bildungsdokumentationen bietet für pädagogische Fachkräfte und Eltern die Chance, intensiv ins Gespräch zu kommen und den jeweiligen Blick auf das Kind zu erweitern. Ziel des Austauschs ist sowohl das Wohl des Kindes und seine bestmögliche Entwicklungsförderung als auch eine Verständigung über die jeweiligen Erziehungsziele und die Beziehungsgestaltung. Die Eltern bekommen so Informationen über die Hintergründe, Zielsetzungen und konkrete Praxis der pädagogischen Arbeit, die weit über den Einblick hinausgehen, den sie in den kurzen Bring- und Abholsituationen erhalten. Gleichzeitig erleben sie die pädagogischen Fachkräfte in ihrer Professionalität und als Bildungs- und Entwicklungsbegleiter*innen. Dies bietet insgesamt die Möglichkeit, eine Kultur des Miteinanders, eine auf wechselseitige Unterstützung beruhende Beziehung zwischen Eltern und Fachkräften wachsen zu lassen. Gerade in schwierigen Situationen kann ein Austausch für alle Beteiligten dadurch erleichtert werden.

Der vorrangige Blick auf die Stärken des Kindes, seine Interessen, Themen und Ressourcen bietet eine positive Gesprächsgrundlage, die es den Eltern erleichtert, sich mit den pädagogischen Fachkräften auszutauschen. Wenn ein Dialog auf Augenhöhe stattfindet, können auch leichter besondere Förderbedarfe oder Entwicklungsauffälligkeiten zur Sprache kommen. Denn die Gesprächspartner wissen um die gemeinsame Anstrengung, eine für alle zufriedenstellende Lösung finden zu wollen. Diese Form der Erziehungspartnerschaft unterstützt sowohl die pädagogischen Fachkräfte in ihrer Arbeit als auch die Eltern im häuslichen Bereich. In den Austausch zwischen Fachkräften und Eltern werden ebenso die Sichtweisen des Kindes mit einbezogen, liefern diese doch wichtige Anhaltspunkte zu seinem Bild von sich und seinen Bildungs- und Entwicklungsprozessen und damit Hinweise auf konkrete Unterstützungsmöglichkeiten seitens der Erwachsenen.

2. Am Beispiel von Jona

In einem Entwicklungsgespräch tauschen sich Jonas Eltern und die pädagogischen Fachkräfte über das letzte halbe Jahr aus. Bei der gemeinsamen Betrachtung der Bildungsdokumentation berichten die Eltern, welche Entwicklungswege ihr Sohn aus ihrer Sicht gegangen ist und was für ihn bedeutsam war. Die Erzieherinnen stellen ihre Beobachtungen dar und schildern den Eltern ihre Vorhaben. Gemeinsam wird das Vorgehen noch einmal besprochen und abgestimmt. Jonas Mutter äußert Bedenken, ob ihr Sohn sich an gruppenübergreifenden Angeboten beteiligen wird: „Wenn ich ihn frage, sagt er, dass er am liebsten in seiner Gruppe ist. Obwohl ich weiß, dass er gerne in die Lernwerkstatt geht, muss ich ihn dazu manchmal ermutigen. Ich habe das Gefühl, dass er seinen vertrauten Rahmen in der Kita nur ungern verlässt."

Die wertschätzende Gesprächsatmosphäre erleichtert es den Eltern, auch eine als problematisch empfundene Situation anzusprechen. So berichtet Jonas Mutter beispielsweise, dass es in der Abholsituation immer wieder zu heftigen Reaktionen ihres Sohnes kommt: „Er weint dann und nichts kann ich ihm recht machen." Die gemeinsame Suche nach Lösungen erleichtert es den pädagogischen Fachkräften, die nächsten Schritte anzugehen. Sie fühlen

Praxistipp

Portfolio- oder Entwicklungsgespräche mit Eltern gestalten
In dem halbjährlich stattfindenden Entwicklungsgespräch mit den Eltern haben in einer Kieler Einrichtung die Kinder das erste Wort. In den ersten 20 Minuten berichten sie, was ihnen in ihrem Portfolio wichtig ist. Erst im Anschluss daran führen Eltern und Fachkräfte das Gespräch allein weiter. Im ersten gemeinsamen Teil des Gesprächs stellt das Kind entweder seinen Portfolio-Ordner vor oder bestimmte (mit der Fachkraft ausgewählte) Teile davon. Besonders gut eignen sich hierfür Bildungs- und Lerngeschichten oder Be(ob)achtungsbriefe, um gemeinsam mit dem Kind und seinen Eltern einen besonderen Bildungsprozess zu reflektieren. Kinder erfahren so gleichzeitig die Wertschätzung und das Interesse ihrer Eltern. Diese Form des Entwicklungsgesprächs lenkt den Blick der Eltern auf die Kompetenzen und Fähigkeiten ihres Kindes. Gleichzeitig ist es für Eltern wichtig zu hören, was ihr Kind gut kann und was von anderen Menschen als besonders an ihrem Kind gesehen wird. Eine intensive Zusammenarbeit in diesem Bereich ermöglicht Eltern einen Einblick in das Kita-Leben ihres Kindes und kann sogar dazu führen, dass sie sich aktiv mit eigenen Beiträgen zum Portfolio-Ordner einbringen.

sich nach eigenen Aussagen nicht mehr nur allein zuständig für das Gelingen des Prozesses, sondern können die Verantwortung mit den Eltern teilen: „Wenn wir gemeinsam planen und uns mit den Eltern abstimmen, haben wir das Gefühl, dass auch ruhig mal was schiefgehen kann. Wir können es ja zusammen noch einmal auf einem neuen Weg probieren. Sonst waren wir den Eltern gegenüber immer schnell in der Situation, unser Verhalten rechtfertigen zu müssen."

3. Möglichkeiten der Mitwirkung

Beobachten und Dokumentieren im Dialog eröffnen auch die Chance, Eltern nicht nur an der Auswertung und Planung der nächsten Schritte zu beteiligen, sondern ihnen auch einen aktiven Beobachtungspart zu ermöglichen. Eltern können einen eigenen Beitrag zur Bildungsdokumentation ihres Kindes leisten. Im Folgenden werden einige Beispiele für Elternseiten vorgestellt.

Brief an das Kind
Praxisbeispiel
Lieber Jona,
heute Abend sind wir mit ganz vielen anderen Eltern im Kindergarten zusammengekommen und haben von Frau Bay gehört, was ihr Kinder jeden Tag so alles spielt und lernt. Ich staune, was du schon alles kannst und weißt. Darüber freuen deine Mama und ich uns sehr und wir sind richtig stolz auf dich. Du bist wirklich das Beste, was wir haben! Auch wenn wir manchmal nicht mit allem einverstanden sind oder auch mal schimpfen, haben wir dich ganz doll lieb. Wir wünschen dir, dass du deinen Weg so weitergehen wirst, und wollen dich dabei begleiten und unterstützen.

Dein dich liebender Papa

Dieser Brief von Jonas Vater ist für seinen Sohn ein besonderer Schatz in seiner Sammlung. Er muss von den Erzieherinnen immer wieder vorgelesen werden. Im Rahmen eines Elternabends hatten die Eltern Gelegenheit, Elternseiten für die Bildungsdokumentation ihres Kindes zu gestalten. Jonas Vater entschied sich dafür, seinem Sohn diesen Brief zu schreiben.

„Als ich noch ein Baby war"-Seiten
Einzelne Seiten, die ein Stück der Lebensgeschichte des jeweiligen Kindes zeigen, haben für die Kinder häufig eine große Faszination. Babyfotos oder Ultraschallaufnahmen, Fußabdrücke aus den ersten Lebenstagen oder ähnliche Seiten werden von ihnen gerne und oft angeschaut.

„Über-mich-Buch"
Das „Über-mich-Buch" eignet sich besonders gut, um den Übergang vom Elternhaus in die Kita in der Eingewöhnungsphase zu erleichtern. Dafür werden Fotos von den Eltern, von Geschwistern, Haustieren oder Lieblingsspielzeug gesammelt und in einem kleinen Buch zusammengetragen. Diese vertrauten Bilder können es dem Kind erleichtern, in der neuen Lebenswelt anzukommen. Vor allem jüngere Kinder laufen eine Zeit lang mit ihrem Buch in der Hand durch die Kita und zeigen immer wieder den pädagogischen Fachkräften (oder sich selbst): „Da, Papa!" In einigen Einrichtungen erstellen die Eltern am ersten Infoabend, noch vor der Aufnahme ihrer Kinder, solche

Literaturtipp
Aich, G./Kuboth, C./Behr, M. (Hrsg.) (2017): Kooperation und Kommunikation mit Eltern in frühpädagogischen Einrichtungen. Weinheim: Beltz Juventa.

Roth, X. (2022): Handbuch Zusammenarbeit mit Eltern. Bildungs- und Erziehungspartnerschaft in der Kita. Freiburg: Herder.

"Über-mich-Bücher". In einem Anschreiben werden sie im Vorfeld gebeten, Fotos von sich, ihren Familien und dem häuslichen Umfeld dafür mitzubringen. Beim gemeinsamen Anfertigen der Bücher ergeben sich vielfältige Gesprächsanlässe zwischen Fachkräften und Eltern, die die spätere Zusammenarbeit erleichtern.

Ein Mama-/Papa-Hörbuch gestalten

Genau wie bei den von Kindern gestalteten Hörgeschichten oder Hörspielen können auch Eltern oder Geschwister eine Audiodatei erstellen (auf einem Datenstick gespeichert, als Kreativ-Tonie oder per Mail versandt). Diese kann dann vom Kind in der Kita mithilfe eines Smartphones oder Tablets jederzeit gehört werden. So kann es ein Stück „hörbares Zuhause" mit in die Kita nehmen.

Reise- und Ausflugsberichte

Erlebnisse mit der Familie oder einzelnen Familienmitgliedern können von den Eltern mithilfe kleiner Reise- oder Ausflugsberichte dargestellt werden. Die Berichte werden durch Fotos oder Zeichnungen vom Ausflug oder Urlaubsort sowie durch Reisemitbringsel (z. B. Sand, getrocknete Pflanzen, Postkarten) ergänzt.

Schlusswort

Beobachtungs- und Dokumentationsverfahren gibt es viele, aber nur selten werden diese in den Kitas in „Reinkultur" durchgeführt, da es in der Regel an irgendeinem Punkt hakt. Die oft fehlenden zeitlichen, personellen oder finanziellen Ressourcen erschweren unserer Erfahrung nach die Umsetzung. Deshalb haben wir versucht, Ideen zu entwickeln, die größtmögliche Flexibilität erlauben, sich im Alltag mit den Kindern gut umsetzen lassen und gleichzeitig eine Ablaufstruktur vorgeben. In einigen Einrichtungen, die wir begleitet haben, war zu Beginn deutlich die Befürchtung zu spüren, wieder etwas Neues, Zusätzliches machen zu müssen. Im Verlauf der Begleitung schlug diese Befürchtung häufig in Begeisterung um. Oft war es dann möglich, sich von Ballast zu befreien, indem halbherzig durchgeführte Verfahren zu den Akten gelegt wurden. Die pädagogischen Fachkräfte stellten fest, dass ihnen die Portfolioarbeit einen erweiterten Zugang zu den Kindern ermöglichte und sie in ihrer Arbeit unterstützte. Zudem intensivierte sich die Zusammenarbeit mit den Eltern. Positive Veränderungen im Team, mit den Kindern und den Eltern sind unserer Erfahrung nach die Regel, sodass wir sagen können: Beobachten und Dokumentieren im Dialog lohnen sich!

„Über-mich-Bücher" erleichtern den Übergang vom Elternhaus in die Krippe oder Kita.

Danksagung

Wir danken
- den Kindern, die mit so viel Eifer die verschiedenen Methoden zur Beobachtung und Dokumentation ihrer Selbstbildungsprozesse ausprobiert und verändert haben und uns an vielen Stellen mit ihren Kompetenzen in Staunen versetzten,
- den pädagogischen Fachkräften, die mit uns reflektiert haben und immer wieder neue Wege gegangen sind, um Beobachten und Dokumentieren zur Grundlage ihrer Arbeit zu machen,
- Jona und seiner Familie für die Offenheit und gute Zusammenarbeit,
- unseren Familien für ihre Begleitung und Geduld sowie
- allen weiteren helfenden Händen und Köpfen.

Literatur

Haug-Schnabel, G./Bensel, J. (2019): Vom Säugling zum Schulkind – Entwicklungspsychologische Grundlagen. kindergarten heute – wissen kompakt. Freiburg: Herder.

Hebenstreit-Müller, S./Kühnel, B. (Hrsg.) (2004): Kinderbeobachtung in Kitas. Berlin: Dohrmann.

Kazemi-Veisari, E. (2005): Von der Beobachtung zur Achtung. 10 Thesen. In: Kita aktuell ND 6/2005, S. 124–125.

Krey-Gerve, T. (2011): „Hör mal ..." – Gesprochene Geschichten an und für das Kind. In: TPS 3/2011, S. 16–19.

Leu, H.-R. u.a. (2007): Bildungs- und Lerngeschichten. Bildungsprozesse in früher Kindheit beobachten, dokumentieren und unterstützen. 2. Aufl., Berlin: Verlag das netz.

Moreno, J. L. (1954): Die Grundlagen der Soziometrie. Köln: Westdeutscher Verlag.

Regner, M./Schubert-Suffrian, F. (2009): Der Lernstern – Kinder formulieren ihre eigenen Lernziele. In: kindergarten heute 10/2009, S. 32–34.

Regner, M./Schubert-Suffrian, F. (2018): Partizipation in der Kita. Freiburg: Herder.

Schäfer, G. E. (Hrsg.) (2007): Bildung beginnt mit der Geburt. 2. Aufl., Berlin: Cornelsen.

Vandenbussche, E./Leavers, F. (2009): Beobachtung und Begleitung von Kindern. Arbeitsbuch zur Leuvener Engagiertheitsskala. 3., erw. und überarb. Aufl., Berufskolleg Erkelenz.

Völkel, P./Viernickel, S. (Hrsg.) (2009): Fühlen, bewegen, sprechen und lernen – Meilensteine der Entwicklung bei Kleinstkindern. Troisdorf: Bildungsverlag EINS.

Weltzien, D. (2010): Beobachten ist mehr als Mitschrift – Auf die Beziehung kommt es an. In: kindergarten heute 6–7/2010, S. 8–12.

Weltzien, D. (2010): Beobachtung – über Gespräche mehr erfahren. In: kindergarten heute 9/2010, S. 8–12.

Internetquelle:
Kita-Server Rheinland-Pfalz „Dürfen Kinder in der Kita fotografiert werden?"
https://kita.rlp.de/de/service/datenschutz-in-kindertagesstaetten/

Impressum

praxis kompakt: Portfolioarbeit mit Kindern – analog und digital ist ein Sonderheft von kindergarten heute – Das Fachmagazin für Frühpädagogik

Redaktion
Thilo Bergmann (verantw.)
Tel. 0761/2717-209
E-Mail: bergmann@herder.de

Carolin Küstner
Tel. 0761/2717-331
E-Mail: kuestner@herder.de

Anschrift der Redaktion
Hermann-Herder-Str. 4
79104 Freiburg
Tel.: 0761 / 2717-322
E-Mail: redaktion@kindergarten-heute.de
www.kindergarten-heute.de

Verlag
© Verlag Herder GmbH, Freiburg im Breisgau 2022
Alle Rechte vorbehalten
www.herder.de

Bildnachweis
Titelfoto und Fotos S. 6, 24, 44, 52: Hartmut W. Schmidt, Freiburg
Fotos S. 4, 8, 10, 22, 42: Sofie Raff, March
Foto S. 14: Susanne Roboom, Bremen
Fotos: S. 3, 55: © Jürgen Fälchle – AdobeStock;
S. 9: © amri – AdobeStock, Dariia – AdobeStock;
S. 12: © fotografixx – GettyImages; S. 13: © anatolir – AdobeStock; S. 23: © damrong – AdobeStock;
S. 34: © Robert Kneschke – AdobeStock;
S. 40: © strichfiguren.de – AdobeStock;
S. 51: © sabine hürdler – AdobeStock
Alle anderen Fotos: Franziska Schubert-Suffrian und Michael Regner, Neumünster/Kaltenkirchen

Layout, Satz und digitale Bearbeitung
rsrdesign, Wiesbaden, www.rsrdesign.de

Druck
Medienhaus Plump GmbH, Rheinbreitbach

Leserservice
Verlag Herder GmbH
Hermann-Herder-Str. 4
79104 Freiburg
Tel.: 0761 / 2717-379 oder 0761 / 2717-244
Fax: 0761 / 2717-249
E-Mail: kundenservice@herder.de

Gedruckt auf chlorfrei gebleichtem Papier

Printed in Germany

Titelnummer: 873
ISBN Print: 978-3-451-00873-3
ISBN E-Book (PDF): 978-3-451-82443-2